運び屋として生きる

モロッコ・スペイン領セウタの国家管理下の「密輸」

Ishinada Saki
石灘早紀

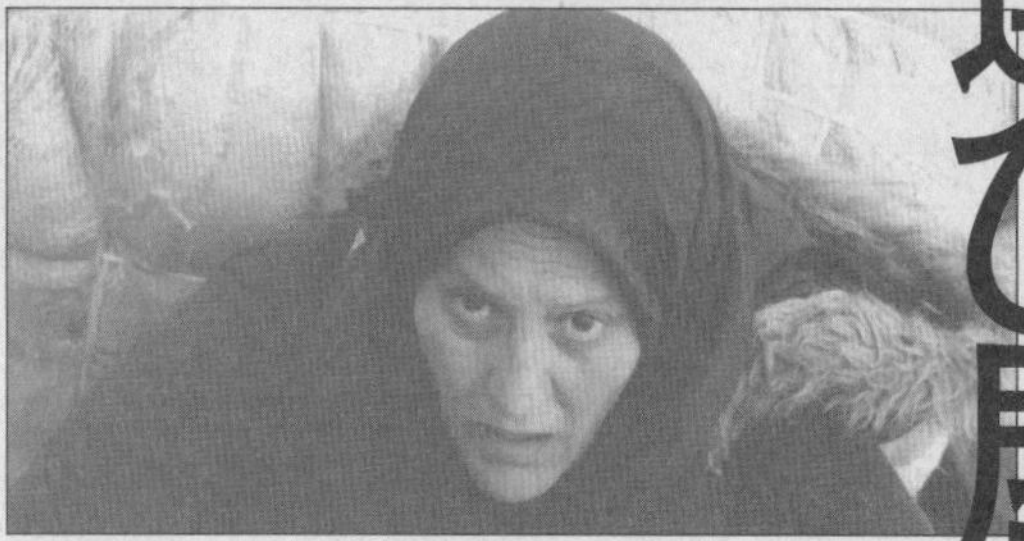

白水社

運び屋として生きる——モロッコ・スペイン領セウタの国家管理下の「密輸」

運び屋として生きる──モロッコ・スペイン領セウタの国家管理下の「密輸」

目次

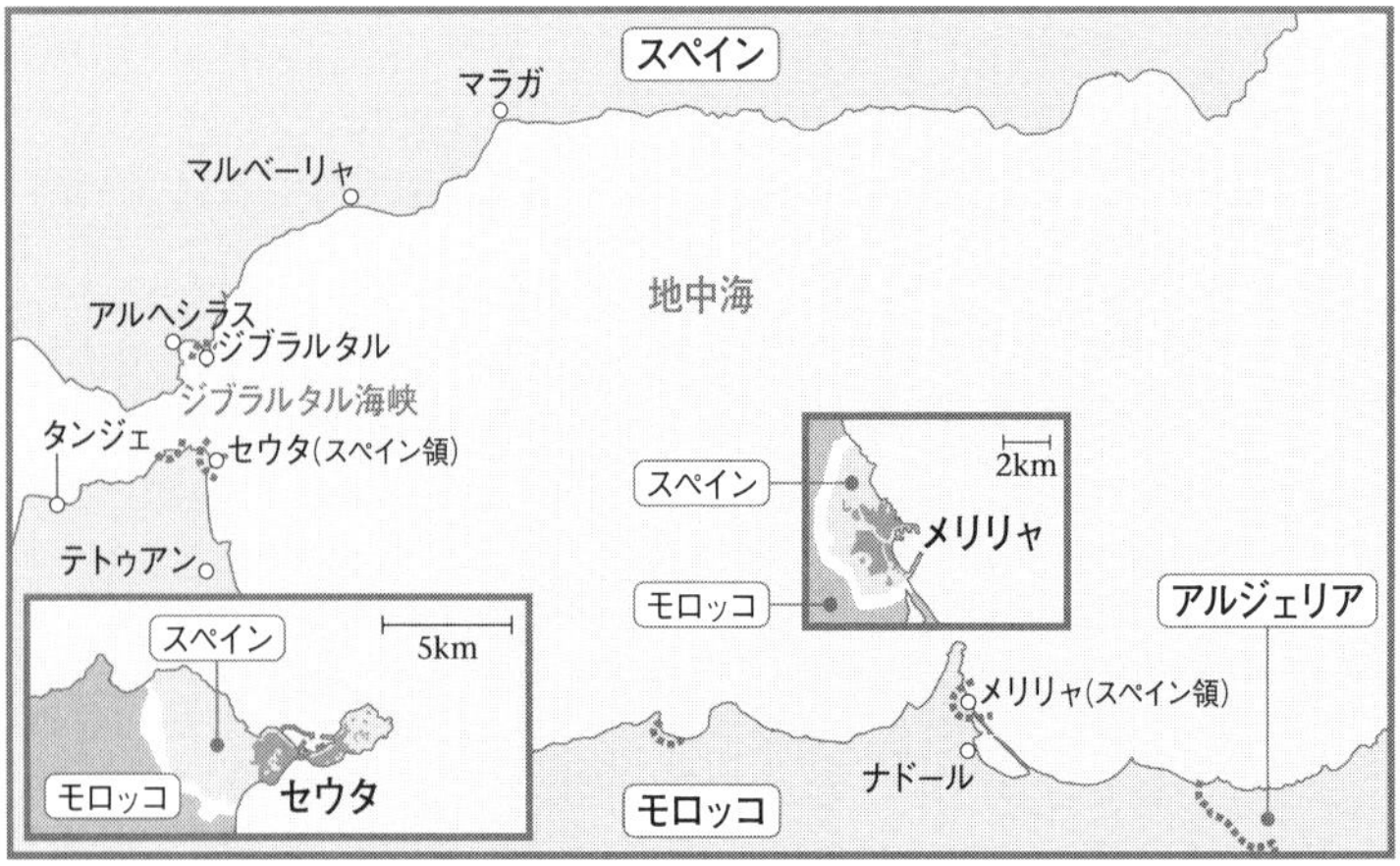

スペイン
マラガ
マルベーリャ
地中海
アルヘシラス
ジブラルタル
ジブラルタル海峡
タンジェ
セウタ(スペイン領)
テトゥアン
スペイン
5km
モロッコ
セウタ
スペイン
2km
メリリャ
モロッコ
アルジェリア
メリリャ(スペイン領)
ナドール
モロッコ

セウタ・メリリャ

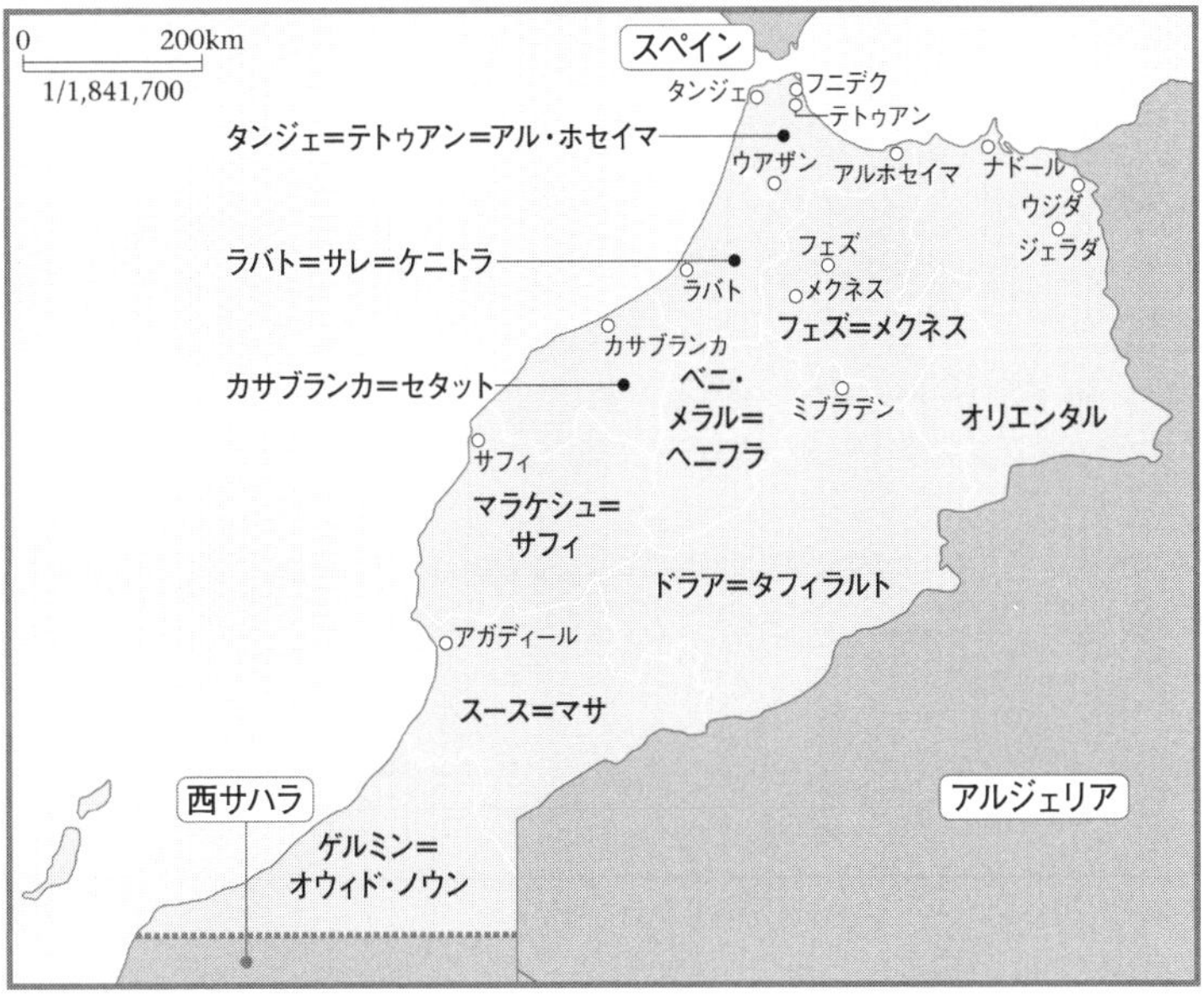
0
200km
1/1,841,700
スペイン
タンジェ
フニデク
テトゥアン
タンジェ=テトゥアン=アル・ホセイマ
ウアザン
アルホセイマ
ナドール
ウジダ
ジェラダ
フェズ
ラバト=サレ=ケニトラ
ラバト
メクネス
フェズ=メクネス
カサブランカ
カサブランカ=セタット
ベニ・
メラル=
ヘニフラ
ミブラデン
オリエンタル
サフィ
マラケシュ=
サフィ
ドラア=タフィラルト
アガディール
スース=マサ
西サハラ
アルジェリア
ゲルミン=
オウィド・ノウン

モロッコ

凡例

著者による注は章ごとに（1）（2）と番号を振り、「注」として巻末にまとめた。

本文中の書名については、邦訳のあるものは邦題のみを、ないものは逐語訳と原題を初出時のみ併記した。

引用文中および発言中の補足は［　］内に示した。

本文中に掲載した写真はすべて著者自身が撮影したものである。

はじめに

国境からほど近い砂浜で、ビニールテープを繰り出す音が不自然に響いている。そこに見えるのは海水浴客ではなく、色とりどりのヒジャブとジュラバに身を包んだ女性たちの姿だ。イスラーム教徒の女性がかぶるヒジャブと、モロッコの伝統的な民族衣装であるジュラバ。その姿から、彼女たちがモロッコ人であることがうかがえる。

ジュラバは、足首までの長さのゆったりしたワンピースのような形状をしている。モロッコでは日常的に着られることも多く、ちょっとした外出をするときにパジャマの上に重ねる、という使い方をする人もいる。

女性たちが集まっている砂浜には、段ボール箱とビニール袋の山があちこちにあった。男性も混じっている。

ジュラバを着た女性が、その裾を胸元までたくし上げていた。かたわらにいた男性がその腰に手を回し、ビニールテープをぐるぐると巻きつけて何かを貼り付けている。目を凝らして見ると、それは個包装の洋服のようだった。まるで浮き具のように腰や足に洋服の入った袋が固定されると、女性はジュラバを足首まで下ろし、身なりを整えた。尻の部分に不自然なでっぱりがあった。

そのすぐそばでは、高齢の女性がジュラバの下にジーパンを何重にも履いている。段ボール箱の中から取り出したジーパンを五本重ねたところで、ウエストのファスナーが閉まらなくなっていた。それでもさらに無理やりジーパンを履き続ける。数えてみると、最終的にその女性はジュラバの下に一二本のジーパンを着込んでいた。

重ね着を終えた女性たちは声をかけ合い、一方向へ歩いていく。向かう先は、モロッコとの国境だ。ここは、モロッコ北部に位置するスペイン領セウタ。アフリカ大陸に位置するスペインの飛び地で、南東に二二〇キロのところにあるメリリャとともに、アフリカと欧州が唯一陸の国境を接する地点だ。

その地理的要因から、この国境地帯はアフリカから欧州をめざす移民や難民の経由地として知られている。移民や難民が「非正規」に越境することを防ぐため、国境には高さ六メートルのフェンスが三重に張り巡らされ、監視カメラやセンサーで警備されている。それでも、このフェンスを乗り越えようとする人びとは後を絶たない。数百人規模の移民や難民がフェンスに押し寄せ、セウタに「入国」を果たす事例が断続的に起こっている。一歩足を踏み入れれば、そこは欧州なのだ。

そのような国境を日々往来していたのが、ジュラバの下に洋服を隠した女性たちだった。彼女たちは、「密輸」の運び屋だ。セウタからモロッコに衣料品や食料品といった商品を運ぶことで報酬を得ている。彼女たちが身体に貼り付けたり、重ね着したりしていた洋服こそ、「密輸」品だったのだ。

国境では、警察官や憲兵による暴力が日常茶飯事だ。あるときはズボンの下に女性用のストッキングを貼り付けて運んでいた男性の運び屋が、警察官から棍棒で殴られ、泣き叫んでいた。またあるときは、腰に洋服を隠していた男性が憲兵からナイフを突きつけられ、顔をゆがめて「アーファック」と叫んでいた。アラビア語モロッコ方言で「お願いします」の意だ。周辺住民や観光客も通る一般の国境通路で、そのような暴力が繰り返されていた。

私が初めてこのような暴力を目にしたのは、二〇一八年五月のことだった。セウタからモロッコに向かうために国境の通路を歩いていたとき、前方から男性の叫び声が聞こえてきた。声のするほうを見ると、制服を着たモロッコの警察官が、足を投げ出して座り込んでいた男性を棍棒で殴りつけていた。両腕で頭をかばいながら泣き叫んでいた彼の足には、「密輸」品のストッキングのパックが貼り付けられていた。

私のほかにも欧米人と見られるカップルが立ち止まり、その光景に怪訝な表情を浮かべた。一方、私たちの後から来たモロッコ人たちは、視線を合わせないようにして通り過ぎていった。

立ちすくんでいた私に、「ハロー」と、別のモロッコの警察官がにこやかに近づいてきた。不穏な空気に耐えきれず、私は彼に何が起こっているのかを尋ねた。警察官は顔に浮かべた笑みを一瞬たりとも崩すことなく、進行方向を指さして言った。

「何も起きていませんよ。さあ、行きなさい。通路はあっちです」

繰り返すが、運び屋が運んでいるのはストッキングだ。けっして麻薬といった違法なものでも、金塊のようなカネになるものでもない。なぜ運び屋は暴力を受けてまで、単価が高いわけでもない商品を運んでいるのだろうか。なぜ当局は目を瞑ったり、あるいは検挙したりせず、暴力を振るっているのだろうか。

この出来事に衝撃を受け、私は「密輸」について調べ始めた。当時、在外公館派遣員として在モロッコ日本国大使館に勤務しており、首都ラバトで暮らしていた。ラバトからセウタとの国境近くの街テトゥアンまでバスで約四～五時間半、それから乗合タクシーで国境まで三〇分～一時間。同僚や友人に「またセウタ?」「たまには砂漠にも行ったら?」と半ばあきれられながら、週末や休日になると国境に通った。そんな生活を四カ月ほど送ったところで大使館の任期が終わり、帰国することになったが、その後も大学院の研究のために二度国境を再訪した。本書は、これまでの現地での調査などをもとに、スペイン領セウタとモロッコの国境地帯で行われていた「密輸」という営みについて描いていくものだ。

「密輸」は一九九〇年ごろから始まったと言われている。新型コロナウイルスの影響で国境が閉鎖された二〇二〇年ごろまでの三〇年もの間、かたちを変えながら、当局から容認されて行われてきた。「密輸」は国境地帯にとっての一大産業とも言えるものであり、モロッコでは運び屋になるために国境地帯に引っ越してくる人びとも多くいた。直接的には四万五〇〇〇人、間接的に関わっている人も含めれば四〇万人が従事していたと推測されている。[1]

同時に指摘されていたのが、運び屋に対する人権侵害だ。[2]運び屋はかつて、五〇～一〇〇キロになるよう梱包された商品の梱《こり》を背中に担いで運んでいた。その多くは貧困層の女性であり、腰をくの字に曲げて重い荷物を運ぶ姿から、モロッコやスペイン、フランスのメディアでは荷運びに用いられる家畜に喩えて「ラバ女」とも呼ばれている。[3]国境で暴力が振るわれていることは先に述べたとおりだが、女性に対しても、暴力や性的暴行、商品の没収、賄賂の要求などがなされていた。また、自身の運ぶ荷物や群衆に押しつぶされるなどして、二〇〇八年から二〇二〇年の間に少なくとも二二人が命を落としている。

さて、本書で「密輸」と括弧書きで表すのには理由がある。それは、「密輸」品も、当局の対応も、密輸という言葉から通常イメージするような行為のそれとはかけ離れているからだ。

日本で密輸と聞くと、真っ先に思い浮かぶのが金塊の密輸だろう。たとえば新型コロナウイルスの影響で金が高値となっていた二〇二〇年四月、中部国際空港（愛知県常滑市）でおよそ一八キロの金塊が税関に押収された。額にして一億円相当にのぼるという。通常、日本への輸入には税関に消費税分の金額を納める必要があるものの、これを逃れることで、消費税相当額をそのまま利益としていた。つまり、一億円相当の金を密輸することで、一〇〇〇万円もの利益が得られるのだ。この利益が密輸グループ内で分配されることを考えても、運び屋にもそれなりの取り分があるだろうと想像できる。

セウタとモロッコの国境地帯で行われている「密輸」はどうか。通常、モロッコへの商業輸入には二〇パーセントの関税を支払う必要があり、「密輸」は関税を逃れてモロッコに商品を持ち込んでいる。ここまでは金塊の密輸と仕組みは同じであり、その意味でこれが密輸行為であることには疑いようがない。しかし、リスクを負う密輸行為にしては、扱う品物はあまりに利ざやが小さいと言わざるをえない。一〇〇〇万円分の利益を得るためには、単純計算で五〇〇〇万円の「密輸」品が必要になるが、それだけの洋服やストッキングの量がうまく想像できない。

そして、当局の対応もまったく異なっている。通常、密輸はたとえ末端の運び屋であっても、関税法違反などの疑いで捜査・検挙されることになる。セウタとモロッコの国境地帯でも、大麻や向精神薬といった違法な品物の密輸が行われているが、この場合は当然検挙の対象となる。

一方、運び屋をはじめとする「密輸」に関わる人びとは、どちらかというと容認されてきた。一〇〇キロの梱を担いで「密輸」しているのも、ジュラバの下に商品を隠しているのも公然の事実であり、当局からの暴力を受けたり、商品を没収されたりすることは少なくない。それでも、法に基づいて検挙されることはなかった。いわゆる元締めや、「密輸」品を販売している商店なども同様だ。

それどころか、モロッコとスペインの当局が、「密輸」がうまく行われるよう便宜を図っていたとさえ考えられる点もある。当局が国境の一般通路とは別に、運び屋のための「密輸」専用通路を整備していたのだ。二〇一七年以降は、運ぶ品物の種類や重さなど、「密輸」のルールも定められるようになった。そのなかには、「『密輸』品を背中に担いで運ぶのは禁止。カートを使うこと」というものもあった。これは、運び屋が重い荷物に押しつぶされて死傷することが相次いだことをふまえ、そのような事故を減らす目的があった。

そうしたルールのもとで行われてきた「密輸」は、二〇一九年十月に根絶をめざすモロッコ側が「密輸」専用通路を閉鎖、二〇二〇年三月には新型コロナウイルスの影響で一般通路も含めた国境全体の通行ができなくなり、事実上行われなくなった。

ルールのある密輸行為という矛盾。逆に言えば、ある一定のルールのもとで、「密輸」が認められたとも言えるのではないか。これが「密輸」の特異性であり、ほかの密輸行為と区別して括弧書きで表すいちばんの理由だ。

それでは、なぜそのような特異性が生まれたのか。調べていくなかで、その背景にはモロッコやスペインの抱える歴史的、社会的、経済的、政治的、外交的問題が密接にからみ合っていることがわかってきた。「密輸」を研究する、というと物騒な響きだが、研究を進めるにあたっては「貧困層の女性が従事する、国境地帯におけるインフォーマルな越境貿易」と位置づけることで、別の地域や時代の経験と比較し、議論の深化を試みた。

本書では、これまでの現地での調査などをふまえ、ルールのもとで事実上国家の管理下にあった「密輸」という営みについて描いていく。その際、ただ「密輸」がどのように行われてきたかを記述するだけではなく、この特異な営みを生み出すことになった構造をも明らかにすることをめざしたい。

序章

「密輸」を研究する

「密輸」そのものの内容に入る前に、より理解するための手がかりとして「インフォーマル経済」「国境」「女性」という三つの視点から過去の研究の蓄積を眺め、本書での論点を提示することとしたい。

合法でも違法でもないもの

「密輸」は違法行為としては見なされていないが、かといって合法というわけでもない。そのような「密輸」を、本書ではインフォーマル経済として位置づける。ここでいったんインフォーマル経済について、とくに規制という観点から概観していきたい。

インフォーマル経済とは、行政の指導のもとで行われておらず、政府の雇用統計にも含まれない経済活動を指す[1]。都市雑業層とも言われ、アフリカやアジアの都市で露天商や靴磨き、廃品回収などを行う人びとの営みも、それに分類される。

公式の統計には表れないという性格から、インフォーマル経済の実態を正確に把握することは困難だ。一方、国際労働機関（ＩＬＯ＝International Labour Organization）によれば、世界の労働人口の六割以上がインフォーマル経済に従事しているとされている[2]。この割合は途上国において高い傾向にあるが、途上国特有のものというわけではない。

インフォーマル経済の大きな特徴の一つは、一般に当局による法的保護や管理の対象とされていない点だ。そのような国家や当局による公的な取り決めがないことは、現場レベルで当局による恣意的な対応のほか、暴力や賄賂の要求、詐取などを招きうることが指摘されている[3]。

思い出されるのが、二〇一〇年末からチュニジアで広がったジャスミン革命だ。露天商として果物や野菜を売っていたムハンマド・ブアジジは、ある日警察から正式な営業許可がないとして商品や商売道具の秤を没収されたうえ、暴行を受けた。その後、秤の返還を求めたものの拒絶され、抗議のために自らに火を放ったとされる。彼の焼身自殺を機に、チュニジア全土で抗議運動が起こり、独裁政権の崩壊につながった。ブアジジに対してなされた当局の暴行や没収などは、インフォーマル経済のなかにいる人びとが直面する大きな課題の一つだ。

一方で、起こりうる社会的摩擦を防止したり、政治的利益の誘導を促進したりするため、政府がインフォーマル経済を容認したり、促進したりする場合もある[4]。身も蓋もない言い方をすれば、都合よく利用されるということだ。このような場合であっても、公的には認められていない以上、当局のさじ加減一つで状況が良い方向にも悪い方向にも変わりうることになる。

インフォーマルに働く人びとは、多かれ少なかれこのような不安定さと直面している。その意味では、「密輸」の運び屋に対する暴力は、不安定さの表出ともとらえられる。「密輸」は容認されて行われているが、かといって公式の貿易ではない。それゆえ当局の側に、どこか「目を瞑ってあげている」という意識があるのではないか。もとより警察は権力の象徴だ。そこに「お目こぼし」の意識が加わっていることが、暴力につながっているとも思われる。

暴力は必ずしも起こるものではないが、それがなかったとしても、インフォーマル経済は周辺的なものとして見られている。貧困と結びつけられることも多く、実際、低賃金かつ、不規則あるいは長時間の労働であることが多い[5]。同時に政府にとっても、インフォーマル経済が占める割合が大きいことは、税収の減少という大きな問題となる。

そのような問題を前に、近年開発のための法的アプローチとして進められているのがフォーマル化だ。フォーマル化とは、インフォーマルに発展してきた既存の慣行に権利を与え、合法経済に吸収する手順だ。[6]二〇一五年の第一〇四回ＩＬＯ総会で採択された「非公式な経済から公式な経済への移行に関する勧告」では、インフォーマル（非公式）からフォーマル（公式）への移行を円滑に進めるための手引きが示された。フォーマル化により、働く人びとは法的保護が見込め、政府にとっても税収の増加という利点がある。

ただし、良い面ばかりではない。フォーマル化によって既存の社会関係資本の分断や対立が起きたり、低廉なサービスの供給が困難になったりするなど、さまざまな弊害を伴いうることも指摘されている。[7]政府の税収が増えるのは、言い換えればこれまで税金を払っていなかった人びとが払うようになったり、労働者あるいは経営者の税負担が増えたりするということだ。ドイツにおける家事労働のフォーマル化について分析した篠崎香子は、フォーマル化により実収入が減少することで、従事者があえてインフォーマルな状態を選びうることを指摘した。[8]このような例は、ほかの国や地域でも見られている。

現状、インフォーマル経済はなくなっていない。その点に関しては、かねてから興味深い指摘がある。ラリッサ・アドラー・ロムニッツは、「フォーマル経済がインフォーマル性を生み出す」[9]と述べ、インフォーマル性はフォーマルなシステムが社会のニーズを満たすことができないからこそ生み出され、フォーマルなシステムのはざまで発展していくとした。また、国家がインフォーマル経済への規制を強めることは、しばしばインフォーマルな活動が生じる条件を生み出すことにつながるという矛盾も指摘されている。[10]

インフォーマル経済ではないが、中国ではインターネット規制が敷かれ、グーグルやフェイスブックなど私たちも使っているような多くのサイトにアクセスできないことは、よく知られているだろう。モロッコでも二〇一五年末ごろから二〇一六年にかけて規制が行われ、スカイプやワッツアップ、フェイスブック・メッセンジャーといった無料通信アプリによる通話ができない時期があった(11)。しかし、通話ができないから諦める、とはならないのが常だ。モロッコのメディアは当時、VPN(仮想プライベートネットワーク)の使い方を紹介し、いかにこの状況に対処するかを報道していた。規制がインフォーマルを生み出すというのは、まさにこういったことだろう。人は抜け道を探そうとするものだ。

翻って「密輸」では、二〇一七年ごろから「密輸」をするうえでのルールが定められ、ある意味当局の管理下で行われていた。ここで定められていたルールは、「密輸」をなくしたり制限したりするためというよりは、運び屋の死傷事故を防ぎ、よりよい環境で「密輸」できるようにするためのものだった。そのようないわば人道的観点からの規制は、運び屋にどのような影響を及ぼすのだろうか。

二つの国を行き来する

「密輸」が一般的なインフォーマル経済と異なるのは、越境することを前提にしていることだ。運び屋は自身が暮らしているモロッコからセウタに渡り、セウタからモロッコに「密輸」品を持ち帰る。これだけで二回の国境越えが発生している。さらに、一日に複数回往復する人もいた。本節では、国境に発展する経済圏の特徴をふまえたうえで、行き来する人びとについて見ていきたい。

国境地帯には多くの場合、独自の国境経済圏が形成されている。そのような国境経済圏については、石田正美編『メコン地域——国境経済をみる』(二〇一〇年、アジア経済研究所)が詳しい。同書で工藤年博・石田正美は、冷戦終結後のメコン地域において越境的な人の移動が拡大したことをふまえ、「ふたつの異なる国が接する国境とそこに形成される国境経済圏は、両国が相互にリソースを補完し合うことで競争力のある産業起点ないしは貿易拠点を形成・促進する実効性をもった経済圏になり得る[12]」と述べる。国境という装置を有することで、その地域の経済が独自に発展しうるのだ。

国境地帯に見られる経済活動は、フォーマルなものからインフォーマルなものまでさまざまだ。フォーマルなものとしては、国境近くに建設されるリゾートやショッピングセンター、免税店などが挙げられる。これは、国境を越えてくる観光客を相手にしている。そしてインフォーマルなものとしては、「密輸」のように、公式な貿易ではない周辺住民による越境貿易などがある[13]。ライア・ソト・ベルマントは国境地帯で発展したインフォーマル経済は、主流の政治・経済的利益や経路に反した独立した現象であり、国家権力に対する破壊や抵抗になりうると指摘している[14]。

本書のテーマである「密輸」では、運び屋の越境移動が焦点の一つとなる。移動とジェンダーを研究するミリヤナ・モロクワシチは、一九八九年のベルリンの壁崩壊後、あるいはそれ以前からの欧州では、労働や貿易の目的で繰り返される短期間の越境的な移動が、それを行う人びとにとっての「職業」となっていたことを指摘した[15]。とくに欧州の加盟国内を出入国審査なしで移動できるシェンゲン協定が発効してからは、よりそのような動きが進んだ。モロクワシチは移動を繰り返す人びとを「シャトル移民（shuttle migrants）」と位置づけ、移動できる状態にいることは社会関係資本であり、自国内の社会的状況の後退に抵抗するためのリスク回避戦略かつ生存戦略だと述べた。

モロクワシチが行ったインタビューによれば、ポーランド人の十六歳の少女がドイツに渡って海賊版の音楽カセットテープを販売するという「旅行」をしていた。少女はそのたった一回の「旅行」

で、母親の月給分の金額を稼いだという。そのほかにも、ポーランドやブルガリア、ルーマニアの失業保険や健康保険、社会保障で生活する一方で、ドイツやフランス、イタリアで働く（あるいはポーランドやルーマニアに住みながら、ドイツで年金や失業保険を受け取る）人びともいたという。移動により、自国にいては望めない収入が得られるのだ。

国境を越えてセウタに向かい、セウタから商品を持ってモロッコに戻ってくることを日々繰り返していた運び屋も、この「シャトル移民」として考えることができる。実際、モロッコ国内でインフォーマルな仕事をするよりは、収入が上がることもあった。モロッコ国内では「運び屋になれば金が稼げる」という噂も広がっていたという。

移動は社会関係資本としてとらえられる一方で、もちろんメリットばかりというわけではない。国境を越えるということは、他国に身を置くということだ。それにより、二国の異なる政策の影響を受けることは避けられない。

越田稜は『国境の人びと――トランスボーダーの思想』（一九九四年、古今書院）の中で、次のように述べる。

> しかし実際には、国境は、周辺に生きる人びとの意思と人情に反して、そして自然のなりわいをまるで無視して、厳然と存在しているのである。国境の線引きが、国家によってより強固に意識された時、メコンを自由に往来していた人びとは、不法侵入者として、また難民として、肉親の関係をいとも簡単に引きさかれたりして、とり扱われてしまうのである。(16)

越田の言うように、国境政策が変われば、越境する人びととの法的地位も扱いも変わりうる。また、日下部京子によれば、国境地帯は「国家による介入の度合いが時々で大きく変容することから、常に国家の管理下にある首都近郊よりも国家との関係性の変化をより敏感に感じ取りやすい」[17]。そのため、国境に生きる人びとは国家と対峙し、排斥される危険にさらされている。それは移動を日常とし、移動することで稼ぐ人びとにとってのリスクではないだろうか。

「密輸」はインフォーマルな営みであり、かつ越境を伴うものだ。インフォーマル経済の従事者が不安定さと直面していることは、すでに述べた。ここに越境者という属性が加わることは、どのような意味をもつのだろうか。

女性であること

ここまで「密輸」を国境地帯におけるインフォーマルな越境貿易ととらえ、先行研究を概観してきた。本章の最後に、従事者の性別という論点を加えたい。「密輸」の運び屋の多くは、貧困層の女性だ。それをふまえ、貧困とインフォーマル経済における女性について考える。

貧困が女性の問題として分析されるようになったのは、一九七八年にダイアナ・ピアースが発表した論文「貧困の女性化（Feminization of Poverty）」が契機とされる。一九七六年のアメリカ合衆国において貧困状態にある成人の約三分の二が女性であること、また女性が世帯主である貧困世帯が増加したことが指摘されており、その後、各国で同様の研究が進められた[18]。

世帯主と言えば多くの場合、男性が想定されている。一家の大黒柱の男性に、それを支える女性と子ども。そのようなジェンダー規範が強固に残っているからこそ、女性は教育の機会が奪われたり、

図0-1◆インフォーマル経済の階層

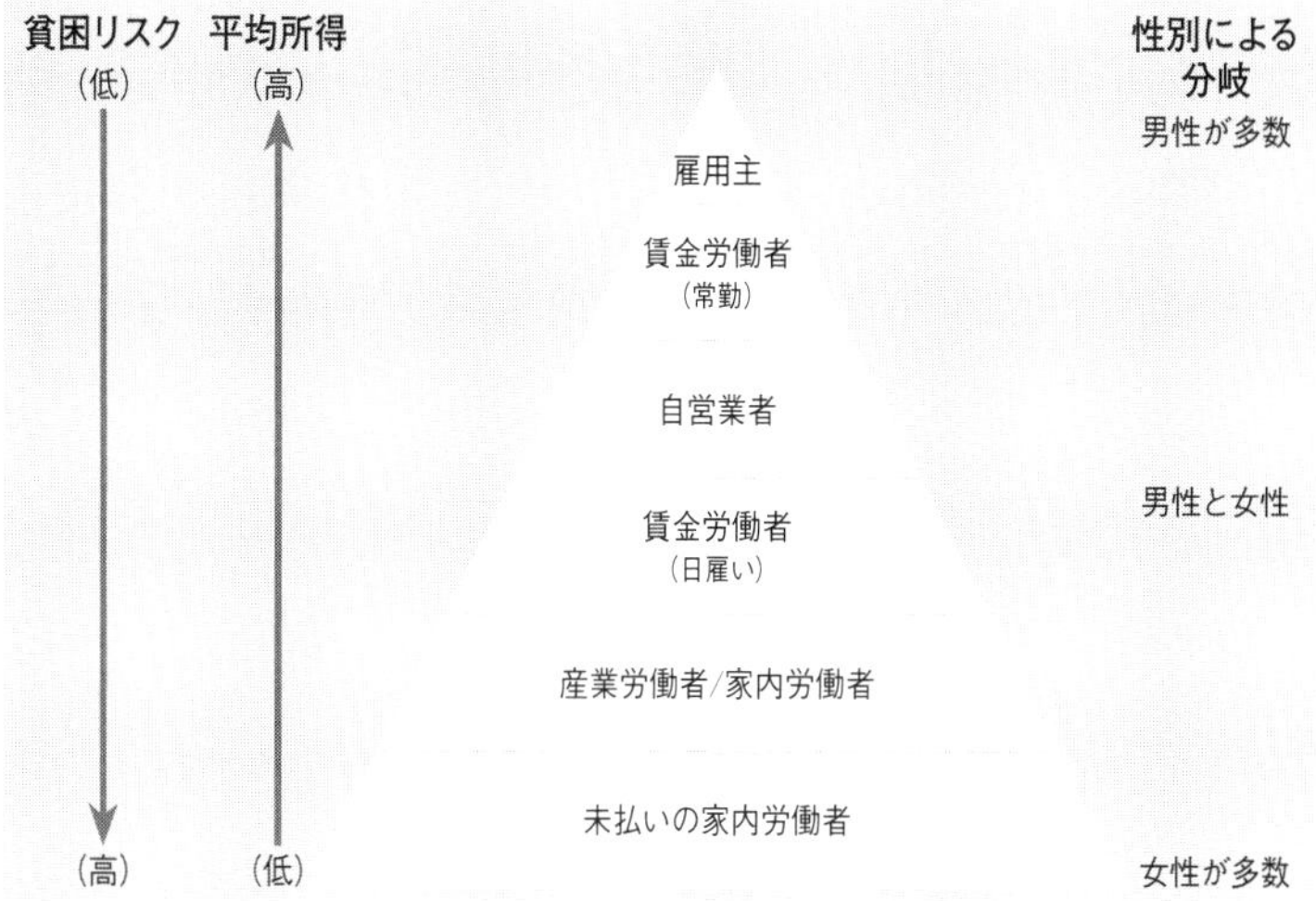

出所:Chen(2012)をもとに著者訳。

それゆえに仕事に就けず、経済的自立が果たせなかったりする。

女性が仕事を得られたとしても、必ずしも男性と同等の収入が得られるわけでもない。家族社会学者の山田昌弘は、戦後日本における女性労働が、女性が属する家族に包摂されていることを前提として組み立てられているとして、「女性労働の家族依存モデル」と呼んだ[19]。女性は主たる家計の担い手としては想定されず、あくまで補助としてしか見なされないため、低賃金に抑えられているという。このような社会構造があるからこそ、世帯主の女性、つまり、離婚や死別、未婚、非婚の女性が貧困に陥りやすいのだ。これは現代日本にも根強く残っているが、途上国でも見られる。

途上国では、そのような社会構造とインフォーマル経済は関連していると言える。インフォーマル経済自体は女性の領域というわけではないが、アフリカなど多くの地域で従事者に占める女性の割合が高くなっている。また、モロッコでは、世帯主の女性の多くがインフォーマル経済に従事しているとされる[20]。それは、そもそも仕事に就けない、あるいはフォーマルな労働市場の「家計の補助用」の賃金では家族が養えないという女性を吸収しているからだ。

そのような周辺化の結果、インフォーマル経済で働く女性たちも、その内部でさらに周辺化されていることに言及しなければならない。インフォーマル経済では、雇用主などの高収入が得られうる男性が多数を占める階層、家事使用人といった無償の家事労働の延長線上の低賃金の女性が多数を占める階層などが存在する。男性の貧困リスクは低く、女性のそれは高いと言い換えることもできる[21]。

上層の高収入が得られる仕事には資本や資源、技能が求められ、下層の低賃金の仕事ではそれらが求められない。それゆえ、上層から下層への下方移動は簡単に起こりうる一方で、上方移動は困難だ。たとえば、上層にいる雇用主がなんらかの理由で事業が破綻した場合、つなぎとしてより下層の日雇い労働者として働くことは難しくないだろう。一方で、下層の家内労働者が職を失った場合に、上層の雇用主に転身できるかというとそうではない。ジェンダー構造で言えば、男性はあらゆる仕事ができる可能性がある一方で、女性の選択肢は限定されている。

話を「密輸」に戻す。運び屋の多くが貧困層の女性であることは述べたが、多くが離婚や死別により配偶者を失い、家計の担い手としての役割を担った女性たちだった。一方で、モロッコにおける不況や失業といった要因により、従来女性が多数を占めていた運び屋として働く男性も増えていた。彼女たちはそのような変化をどのように経験したのだろうか。

本書の目的と構成

本書では「密輸」という営みとそれに従事する人びとの姿を描くと同時に、本章でこれまで浮かんだ論点——インフォーマル経済に対する人道的観点からの規制が及ぼす影響、越境者であることがもつ意味、下層にいる女性が男性の参入という状況の変化をどのように経験するのか、という点について考えることを目的とする。

インフォーマル経済、国境、女性という三つの要素は、いずれも脆弱性を有する。それらが交差するとなおさらだ。インターネットで「密輸」について調べると、重い荷物につぶされそうになっている運び屋の女性の写真や、女性たちの窮状を伝えるインタビューやルポルタージュが数多くヒットする。これまで「密輸」について調べてきたなかで、私自身、つらい事実に押しつぶされそうになったことも少なくなかった。

「密輸」を描き、その背景にある問題について考えるにあたり、本書ではモロッコの負の側面を取り上げることになる。しかし、それをもって「遅れた途上国」などというようなレッテルを貼る意図はまったくないことを、あらかじめ明言しておく。

本書のテーマである「密輸」も、その関連で取り上げる一つひとつの事例も、すべてその背後に厳然と存在する社会構造の結果でしかない。そしてそれは特定の国や地域、文化の問題ではなく、程度の差こそあれすべての国に共通するものだ。問題を「途上国の問題」と他者化するのではなく、その普遍性を明らかにしたい。そのために、背景にある社会構造を浮かび上がらせ、問題提起につなげることができたらと思う。

ここで、調査の概要について説明しておきたい。

本書は主に、「密輸」をテーマにして二〇一九年から二〇二一年にかけて行った大学院での研究の成果に基づいている。研究では、二〇一九年八月から九月、二〇二〇年二月から三月の二回にわたり、計約一カ月半のフィールドワークを実施した。主な調査地は、「密輸」が行われたスペイン領セウタと、セウタに隣接するモロッコの地方都市フニデクだ。国境付近のほか、卸売業者の倉庫が立ち並ぶ場所や、小売業者が集まるスーク（市場）での調査を行った。

また、「密輸」に関わる人びとへの聞き取り調査も行った。調査対象者に新たな対象者を紹介してもらう機縁法や、路上での声かけにより協力を得て、運び屋や卸売業者、小売業者など計一四人に半構造化インタビューを実施することができた（巻末の「調査対象者一覧」参照）。家族の状況や「密輸」を始めた理由、規制によって生じた生活の変化を基本的な質問とし、調査対象者からの回答に応じ、より詳しい内容について聞き取りを行った。

言葉の壁や、「密輸」がモロッコにとってタブー視される場合があるという事情から、インタビューという形式をとらず、インフォーマルに話を聞いたこともある。その場合、仮名であっても調査対象者一覧に加えることはしていない。

さらに、人権問題として「密輸」の問題に取り組むモロッコとスペインの三団体にもインタビューを行った。インタビューでは、「密輸」がどのように生まれ、これまで発展してきたのか、また「密輸」によってどのような問題が生じているのかについて聴取した。同様に、現地の新聞やインターネットでの報道、学術論文などを中心とした文献調査も行い、当局の政策の把握に努めた。

なお、本書の記述には、モロッコで暮らし、「密輸」について調べていた二〇一八年五月から九月に行った文献・現地調査、大学院を修了した二〇二一年三月以降に続けている文献調査の結果も含まれている。

本書は、以下のように構成される。

まずこの序章では、本論に先立ち、「密輸」に関連するインフォーマル経済、国境、女性という三つのキーワードから、これまでの研究の蓄積を概観した。また、それらの視点から疑問点を洗い出し、本書での考察の論点を提示した。

続く第一章では、「密輸」の現場であるスペイン領セウタとモロッコについて概観する。歴史的背景を含め、「密輸」が生じ、発展することになった土壌を明らかにする。また、移民やテロ、西サハラといった問題を切り口に、モロッコとスペインの二国間関係についても考える。

第二章から第五章までの本論では、「密輸」がどのように行われてきたのか、その様相を明らかにする。一九九〇年代から二〇二〇年ごろまで行われてきた「密輸」を、当局の規制という観点から、私は次の三つの段階に分けた。①「密輸」が始まり、容認されて行われていた一九九〇年代から二〇一七年ごろまでの黙認・容認期（第二章）、②スペイン、モロッコの当局が介入するようになった二〇一七年ごろから二〇一九年十月までの管理期（第三章）、③モロッコが根絶を発表した二〇一九年十月以降の根絶期（第五章）だ。各章では、当局が行った政策・規制と、それに対応して運び屋がどのように働き、暮らしていたのかを描いていく。また、第四章では視点を変えて、「密輸」に生かされていた町に焦点を当てる。ここでは、運び屋ではなく、卸売業者や小売業者など、間接的に「密輸」に関わっていた人びとに迫る。

終章では、本論での議論をふまえ、インフォーマル経済における規制とその影響について考えたい。

なお、本論に記載されるモロッコの通貨・ディルハムは、便宜上調査時点の相場である一ディルハム一一円で換算している。

第一章

二人の王様にとっての爆弾

アフリカ大陸のヨーロッパ

スペインの飛び地領とモロッコ

スペイン領セウタにあるヘリポートには、フランス語で「アフリカ大陸のヨーロッパ（Europe en Afrique）」と書かれた看板がある。その言葉が示すように、セウタはスペインの飛び地としてアフリカ大陸北西部、モロッコ北部に位置している。スペイン本土とは、ジブラルタル海峡を挟んでフェリーで約一時間の距離だ。

飛び地とは、一つの国や領土や行政区画のうち、地理的に分離している地域のことをいう。有名なところとしては、米アラスカ州や英領ジブラルタルなどがある。世界でこのような飛び地が生まれた背景には、戦争による領土の割譲や十五世紀末の大航海時代から始まる西洋列強による植民地支配が挙げられる。当時の宗主国は港を支配して貿易を独占することに主眼を置いていたことから、アフリカなどで無数の飛び地状の植民地が生まれた(1)。

アフリカ大陸北西部に位置するセウタは、地中海の出入口にあたる要衝に位置することから、十五世紀からポルトガルやスペインの支配を受けた。それは、セウタから南東に二二〇キロメートルのところにあるスペイン領メリリャも同様だ。モロッコは、自国に抱える二つの飛び地領に対するスペインの主権を認めておらず、スペインも両地域を自国固有の領土と主張している。

領土問題の係争地であるセウタとメリリャというスペインの飛び地領、そしてモロッコは、どのよ

表1-1◆セウタ・メリリャ基礎情報

(いずれも2019年)	セウタ	メリリャ
面積	18.5平方キロメートル	12.3平方キロメートル
人口	84,085人	84,473人
1人当たりGDP	23,371ドル	21,334ドル
失業率	27.6%	26.8%

出所:Countryeconomy.com(2020)より著者作成。

うな地域・国なのだろうか。本章は冒頭でスペインの飛び地領やモロッコの概要を見てから、移民、テロ、西サハラ問題といった切り口からモロッコとスペインの二国間関係について考えていきたい。

まずは飛び地領から。セウタとメリリャは、スペインの自治都市であり[2]、いずれも二〇平方キロメートルにも満たない小さな町だ。東京都で言えば、セウタは新宿区(一八・二三平方キロメートル)、メリリャは千代田区(一一・六六平方キロメートル)を思い浮かべるとつかみやすいだろうか。頑張れば歩けてしまえそうな大きさだ。そこに、それぞれ八万四〇〇〇人ほどの人びとが暮らしている。セウタは小売業やサービス業、メリリャは漁業を主な産業としている。

詳しい歴史的背景は後節に譲るが、アフリカ大陸の一七カ国が独立し、「アフリカの年」と呼ばれる一九六〇年以降の脱植民地化の国際的潮流に逆らい、スペイン領として残ってきた。

セウタとメリリャは欧州の町だ。とくにスペイン本土のアルヘシラスから約一時間の距離にあるセウタには、より「欧州らしさ」がある。市内中心部のメインストリートには、ZARAやMANGOといったスペインのアパレルブランドの店舗が並んでいた。市街東部に位置する標高二〇〇メートルほどのアチョ山からは、ジブラルタル海峡が一望できる。一方のメリリャは、より「モロッコ化」が進んでいると言われている。

そしてモロッコ。一九五六年にフランス、スペインという二つの宗主国から独立を果たしたモロッコは、立憲君主制の国家だ。人口三七〇八万人（二〇二一年）で、その九九パーセントをイスラーム教徒が占める。モロッコ王室は十七世紀のアラウィー朝を継承するアラブ最古の王朝だ。

現在の国王であるムハンマド六世は、前国王の父ハサン二世の崩御により、一九九九年七月に即位した。ハサン二世は西サハラ問題などの領土問題に注力していたが、ムハンマド六世は打って変わって、自由経済や人権の尊重の推進といったリベラルな姿勢をアピールしている。

欧州との結びつきは強固だ。二〇〇八年に欧州連合（EU＝European Union）から包括的なパートナーシップである「前進的地位（advanced status）」を付与され、欧州諸国との関係を強化している。とくに旧宗主国であるフランスとスペインとの関係は深く、貿易をはじめあらゆる分野で良好な関係を築いている。

国境の経済格差

これら飛び地領とモロッコの国境地帯は、先進国と途上国、欧州とアフリカ、キリスト教とイスラーム教という三つの境界でもある。

まず、先進国と途上国の境界という観点からみれば、この国境地帯は世界で最も経済格差の大きいものの一つとして知られている。二〇二一年のスペインとモロッコの一人当たりGDPを比較すると、スペインが三万一〇三ドルであるのに対し、モロッコは三七九五ドルと、およそ八倍の開きがある。[3]これは、アメリカ合衆国とメキシコの経済格差に匹敵するものだ。

次に、欧州とアフリカという観点からは、この国境はEUの「域外国境」とされている。一九九五

図1-1◆1人あたりGDP比較

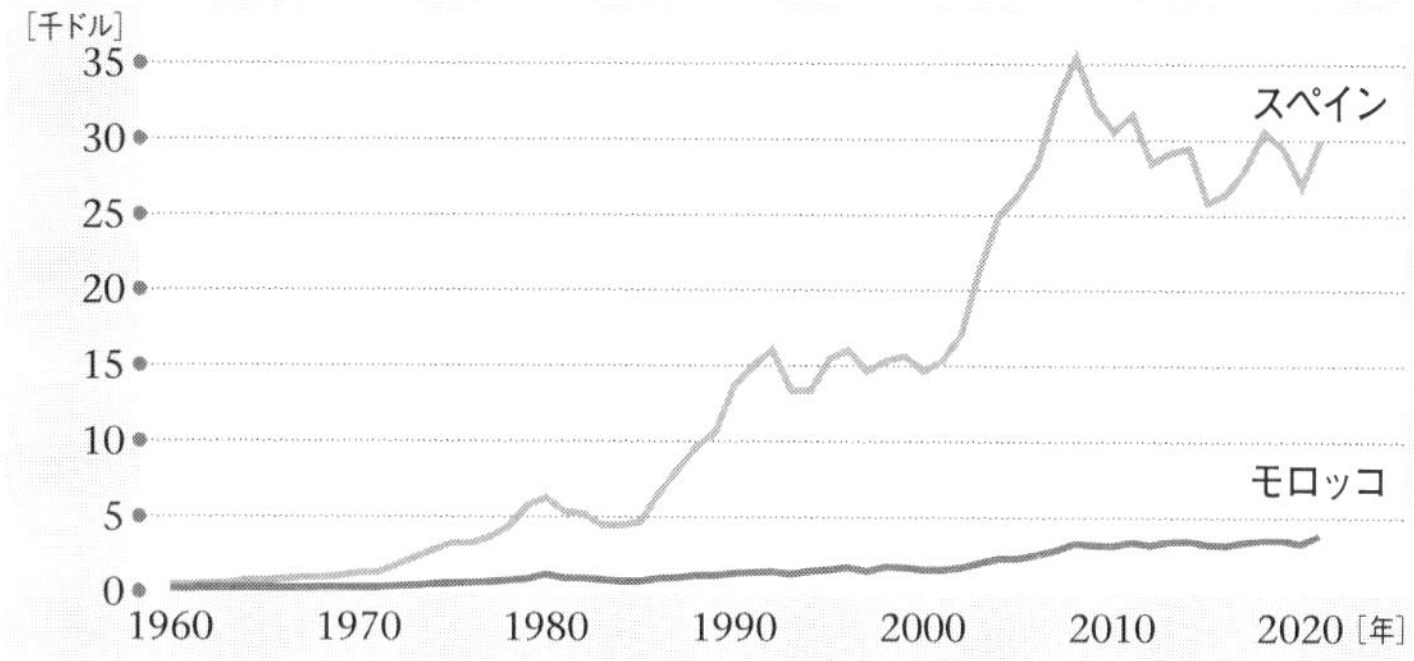

出所:World Bank(2023)

年のシェンゲン協定の発効以降、欧州の加盟国内は出入国審査なしで移動できるようになった。そのような状況で注目を集めたのが、域内外を分かつ域外国境だ。一度シェンゲン域内に入れば、その後の移動は自由。そのため、国境管理が域外国境に外部化されることとなった。アフリカから欧州をめざす移民や難民の経由地となっているモロッコと飛び地領の国境地帯は、「非正規」な越境を防ぐために、国境線にフェンスが張り巡らされている。

最後に、宗教の境界。よく知られているように、スペインはキリスト教、モロッコはイスラーム教の国と言える。モロッコで暮らしていた私が初めてセウタに遊びに行ったのも、この宗教の境界を越えることが目的の一つだった。テラス席でワインや豚肉を味わうというモロッコではほとんどできないことが、国境を越えるだけで楽しめるのだ。

とはいえ、国境線ですっぱりと宗教が分かれているというわけではない。二〇二一年のセウタに住むイスラーム教徒はスペイン国籍、モロッコ国籍あわせて約三万六〇〇〇人であり、全人口の四割ほどを占めている[4]。その意味では、スペインの飛び地領自体がキリスト教のスペインと、イスラーム教のモロッコが交差する場とも言える。

このようにさまざまな側面をもつ国境地帯において、スペインの飛び地領はもちろん、国境に接するモロッコ側の地方都市も地域経済を国境に依存している。ここで、モロッコ側の町にも簡単に言及しておきたい。

セウタに隣接するフニデクは人口七万七〇〇〇人ほど、メリリャに隣接するナドールは人口一六万人ほどの地方都市だ。モロッコにはアラブ人とベルベル人が暮らしているが、フニデクやナドールに住むのは、ベルベル人が多い。

セウタに隣接するフニデクでは、住民の多くが商人や密輸業者、家事労働者、建設労働者、サービス業従事者、売春婦、そして学生として、日常的にフニデクとセウタを行き来している。とくに女性に焦点を当てた研究によれば、フニデクの女性の八〇パーセントがセウタで働いており、うち二〇〜三〇パーセントが家事労働者、残りが「密輸」の運び屋や売春婦であるという[5]。モロッコに暮らしながら、セウタに「越境通勤」しているのだ。

その背景にあるのは、やはり国境地帯の経済格差だ。セウタ在住のモロッコ系スペイン人の男性は、次のように話す。


たとえば家政婦という仕事。セウタで家政婦として働くモロッコ人は、たしかにスペイン人と比べると安い給料しかもらえません。その意味では搾取です。しかし、モロッコでたとえば八〇ユーロ分稼げる仕事をセウタですれば、一五〇ユーロ、二〇〇ユーロになることもあります。そのため、モロッコ人にとっては利点もあるのです[6]。

写真1-1◆
国境近くのバス停。スペインと書かれた看板の下に、モロッコ人と思われる人びとが集まっている。

セウタの家庭にとっては、スペイン人よりも、モロッコ人を家政婦として雇ったほうが安価で済む。モロッコ人にとっても、たとえ搾取されていたとしても自国よりもセウタで同じ仕事をするほうが高い収入が見込める。飛び地領への越境労働者が多くいる背景には、このように双方に利点があることが挙げられる。

モロッコからセウタに入国してすぐのところには、国境と中心部を結ぶバスが発着するバス停がある。そこには青地に一二個の金色の星が円環状に配置された欧州旗を背景に、「スペイン」と書かれた看板が掲げられている。スペインに入ったことがよくわかる看板だ。しかし、私が訪れたときはいつも、その近くにいたのはジュラバを着たモロッコ人たちばかりだった。スペインの一都市というよりも、モロッコの延長であるかの印象を受けたものだ。そこにいたモロッコ人たちが、越境労働者だったのだ。

地元住民の日常的な往来が盛んで、相互に依存しあっている飛び地領とモロッコ。普段は持ちつ持たれつの関係を築いているといってもよい。

それでも、飛び地領はスペインとモロッコという二つの王国の、「二人の王様にとっての爆弾」でもあるとも言われている。[7] それはなぜだろうか。

歴史的背景

保護領時代の記憶

「モロッコは自転車を買うために国を売ったんだよ。知ってた?」

毎月のようにセウタに通う生活を送っていた二〇一八年のある日、モロッコ人の友人がそんな話をしてくれた。自転車のために国を売るとはどういうことなのか。ほかの友人たちにも訊きながら調べてみると、もとになっているのは次のような話だった。

一八九四年に十六歳で即位したスルタン〔イスラーム王朝の君主〕、ムーレイ・アブデルアジズの側近は、フランス人だった。側近はアブデルアジズになんでも欲しいものを買ってあげていた。アブデルアジズは最後に「自転車が欲しい」と言ったが、もうその分のお金は残っていなかった。そこで側近はこう言った。「では、モロッコの土地と交換に自転車をあげましょう」。するとアブデルアジズは大喜びでモロッコを手放し、自転車を受け取った。こうしてモロッコは、フランスの保護領となった。

ムーレイ・アブデルアジズは一八九四年から一九〇八年まで、当時のアラウィー朝のスルタンだった。このころはちょうど、西洋列強によるアフリカ分割が進められていた時期にあたる。モロッコはフランス、ドイツ、スペインの三国から視線を向けられており、のちの一九一二年にフランスとスペインの保護領となっている。

嘘か本当かわからないようなこの話は、のちに後継者として即位する弟のアブデルハフィズが、アブデルアジズを引きずり下ろすためのプロパガンダとして流した逸話だと言われている。アブデルアジズは欧州の機械類や自動車などに非常に興味を示していたことで知られており、そのなかでもとくに気に入っていたのは自転車だった(8)。モロッコ中央部のマラケシュにあった宮殿の中庭には、スロープやサーキットまで設置していたという。そのためこのプロパガンダは、アブデルアジズが外国製品に傾倒していたことと国庫の疲弊が結びつけられたものだったようだ。国民の信頼を失ったアブデルアジズはクーデターにより失脚し、弟のアブデルハフィズが後継者として即位した。

これはモロッコの口頭伝承となり、親から子へと伝えられているという。モロッコのメディアは二〇一八年、「スルタンのムーレイ・アブデルアジズは、けっして自転車のためにモロッコを売らなかった」という記事をフェイスブックに投稿している(9)。

一方、さまざまな人に訊くなかで、この話を事実だと考え、アブデルアジズに対して怒りを示すモロッコ人にも出会った。二十代の女性は、私が「ムーレイ・アブデルアジズが……」と話し出しただけで、大きくため息をついて「……自転車ね」とつぶやいた。私のために英語かフランス語で書かれた記事を探してくれたものの、アラビア語の記事しか見当たらず、「モロッコはいつもこう。都合の悪いことはフランス語で書かない」と眉間に皺《しわ》を寄せていた。また、四十代の男性は私の話を最後まで聞くこともせず、「アブデルアジズ？　彼はモロッコの恥だ。売国奴だ」と憤った。

このように当時のプロパガンダが口頭伝承として現代にも語り継がれていることは、モロッコ人にとって保護領時代の経験が色あせず残っていることの表れとも言えるだろう。そして今も続いている「支配」の象徴が、スペインの飛び地領として残るセウタとメリリャなのだ。

スペイン領をめぐる歴史

なぜセウタとメリリャは、スペイン領として残り続けているのか。ここでいったん、その歴史的背景に目を向けていきたい。

現在スペイン領であるセウタは、かつてモロッコの一部をなしていた。八世紀後半からアラブ人のモロッコ進出が始まり、七八八年にはモロッコ初のイスラーム王朝であるイドリース朝が成立する。その後、セウタを含むモロッコには、ムラービト朝、ムワッヒド朝、マリーン朝が勃興した。セウタはモロッコの第一の港として機能し、モロッコから欧州へは絨毯やベルト、銅製品、欧州からモロッコへは布製品や金を輸出入する拠点として栄えた(10)。

西洋列強による支配が始まったのは、十五世紀のことだ。まずポルトガルが一四一五年、セウタを征服した。この征服はレコンキスタの一環であり、さらには金の獲得が直接的な目的とされていた。父のジョアン一世らとともにセウタを征服したエンリケ王子は、これを皮切りにアガディールやサフィといったモロッコの港町を攻略していく。しかし、一四三七年のタンジェ攻略でイスラーム軍に

表1-2◆セウタ関連年表

1415年	セウタがポルトガルにより征服される
1578年	ポルトガルの国王セバスティアンがモロッコ宮廷の内紛に乗じて出兵、戦死。 ポルトガルは財政難へ
1580年	スペインのフェリペ2世がポルトガル国王を兼任。セウタもスペイン領に
1640年	ジョアン4世が即位し、ポルトガル独立を宣言。 セウタはこれに反対し、ポルトガル独立後もスペイン領にとどまる
1912年	スペインがモロッコ北部地域(セウタ、メリリャを含む)、南部地域、イフニを獲得
1956年	モロッコが独立し、主権を回復。セウタとメリリャはスペイン領のままに

出所:中川(2011a)をもとに著者作成。

大敗したことを機に、アジアやアフリカといった海洋進出に転換した。その際、それまでに征服していたモロッコの港町は放棄したが、セウタだけは手放さなかった。

その後、ポルトガルの弱体化により、セウタはスペイン領となる。一五七八年にポルトガルのセバスティアン国王が戦死し、これを機にポルトガルは財政難に陥った。その二年後にスペインのフェリペ二世がポルトガル国王を兼任することになった際、ポルトガル本土、そしてセウタを含むポルトガル領がスペイン領となった。

一方、メリリャは一四九二年にイベリア半島のイスラーム教徒の最後の拠点だったグラナダが陥落した後、一四九七年にスペインに攻略された。スペインはそのままアルジェリア方面の沿岸部の都市を占領したものの、オスマントルコの介入により、メリリャを除くこれらの都市を放棄した。

こうしてスペインは、北アフリカにセウタとメリリャという二つの飛び地領をもつことになった。これら飛び地領は一八六三年に自由港の地位を得て、地中海の交易の拠点としての機能がさらに強化され、その重要性も増していった。

大航海時代以降、西洋列強はアフリカ大陸の沿岸部を次々と支配していったが、一八七〇年代のイギリスによるエジプト支配以降、内陸を含めたアフリカ分割が進んでいく。それはスペインの飛び地領を抱えるモロッコも例外ではなかった。モロッコでは一九〇四年の英仏協商により、フランスの支配が進んでいった。

くだんのスルタン、ムーレイ・アブデルアジズが失脚してから数年後の一九一二年三月、モロッコはフェス条約により、その大部分がフランスの保護領となった。また、同年十一月のマドリッド協定でセウタとメリリャを含む北部地域、サハラを含む南部地域、イフニがスペインの保護領とされた。

保護領時代のスペイン領モロッコでは、リーフ地方の有力者だったアブデル・カリームが一九二〇年にスペインからの独立運動を興す。翌年のアヌアルの戦いではスペイン軍に勝利し、アブデル・カリームは一九二三年に「リーフ共和国」の樹立を宣言した。しかし、リーフ共和国はスペインとフランスの共同作戦により三年後に滅ぼされ、モロッコの独立には至らなかった。

一方フランス領では、一九三〇年にアラブ人とベルベル人の分割統治を行う「ベルベル勅令」が発せられた。「分割して統治せよ」とは、被支配者を分割することで支配を容易にする、古代ローマ時代にさかのぼる統治法だ。しかし、モロッコでは逆に民族意識に火をつけるかたちとなった。ベルベル勅令に対する抗議運動から一九三三年にモロッコ初の政党である「国民行動連合」が設立され、スルタンの主権の肯定や労働法の整備などを訴えるようになったのだ。その後、旧連合の活動家が「イスティクラール（独立）」党を設立し、独立への機運が高まっていく。このような独立派によるボイコットやデモが相次いだ結果、国際的な圧力が強まり、一九五六年にはフランスとのあいだで独立協定の調印が行われた。同年、スペインもマドリッド協定破棄に同意し、モロッコの主権が回復した。

モロッコが独立を果たしてからも、スペインはセウタとメリリャについてはマドリッド協定以前から領有していた地域だとして、返還には応じなかった。このスペインの主張を裏づけるにあたり、「プラサス・デ・ソベラニア（plazas de soberanía）」という言葉がある。これはスペイン語で「主権の及ぶ土地」を意味する言葉で、セウタやメリリャのようにスペインが古くから北アフリカに領有する地域を指すものだ[11]。用語自体は十九世紀から二十世紀にかけて用いられた。スペインは、プラサス・デ・ソベラニアは二十世紀に締結したマドリッド協定とは関係しないものとして、同協定破棄後もモロッコによるセウタとメリリャの返還要求を退けていた。

その後も、スペインは飛び地領の住民の大多数がスペイン人だとして飛び地領の「スペイン性」を強調した。地中海の要衝として重要な位置にある飛び地領は数百年にわたり、スペインなどの船の燃料補給港として、また欧州とアフリカの交易拠点および重要な港町として機能していたため、スペインにとっては手放しがたい領土だったのだ。

非積極的な返還要求

地理的に見れば、地中海を挟んでスペイン本土と対岸のアフリカ大陸に位置する飛び地領は、モロッコの領土だと考えることが容易だろう。アフリカ研究者の西野照太郎はとくにセウタについて、「スペインが北部モロッコから撤収した当時は、セウタがスペイン領として存続することは不可能だ、という見解が強かった[12]」と述べている。

西野によれば、モロッコ側もほかの旧スペイン領であるイフニやサハラについては返還要求を行ったが、セウタとメリリャについては同様には要求を行わなかったという。モロッコ側はたしかに、国連総会でもスペインの「占領」を批判し、自国の領有権を主張するキャンペーンを行うなど要求は行っていた。また、ムハンマド六世国王は二〇〇二年、即位記念日の演説で「セウタとメリーリャ、その周辺諸島の領有をスペインにやめるように要求する正当な権利をモロッコは有している」と述べている[13]。しかし、現在も領土問題が続いている西サハラに対する主張と比較して、飛び地領に関する声は小さいと言わざるをえない。

この背景には、セウタとメリリャをスペイン、ひいてはEUの領土として残すことで、モロッコにも利点があることが挙げられる。西野は一九六〇年代当時の報道として、セウタについて「モロッコ側はこの町から出て自国内を走る道路沿いに、新しいホテルを建ててきたし、外貨を必要としているのであるから、国境閉鎖は明らかに得策と言えない[14]」と記している。

先述のとおり、セウタと国境を接するフニデク、そしてメリリャと国境を接するナドールは、地域経済を飛び地領に依存している。近年は観光産業に力を入れており、欧州からフェリーでジブラルタル海峡を渡り、飛び地領を経由してモロッコに入国する観光客も多い。また、飛び地領を利用し、国境地帯での越境的なインフォーマル経済や、モロッコからセウタへの「越境通勤」が発展しており、それが多くのモロッコ人の仕事を生み出しているという実態もある。モロッコが飛び地領の領有権を声高に主張しなかったことは、このような事情と天秤にかけ、飛び地領がスペイン領であることの利点を優先した結果だととらえられる。

例外状態にあるセウタ

このようなスペインの飛び地領は、さまざまな特例を有することとなった。それは、飛び地領が「アフリカ大陸のヨーロッパ」であることや、今も続く領土問題に起因する二国間関係に由来した例外状態だ。ここではとくにセウタに焦点を当て、特例のうち三つを取り上げる。

三つの特例

一つ目は、飛び地領の周辺に住むモロッコ人住民に対する査証免除だ。これはEUのシェンゲン協定の特例だ。通常であれば、モロッコ人がスペインに入国する場合には査証の取得が必要であり、それは飛び地領に入国する場合も同様だ。しかし、セウタに隣接するテトゥアン地域圏（フニデクやテトゥアンなど）、メリリャに隣接するナドールの住民は、日帰りでの飛び地領への入国に限り、査証を取得せず、検問所でパスポートを提示するだけでよかった。二〇一八年以前は査証免除の対象となる住所が記載されている身分証明書を提示するだけでよく、パスポートの提示さえ必要なかった。このため、近隣の住民は飛び地領へ容易に入国することができた。このような移動の特例は、二〇二〇年に新型コロナウイルスの影響で国境が閉鎖されるまで続いた(15)。

査証免除によってモロッコからセウタに越境していた人数に関しては、セウタの政府代表団の推計によると一日あたり二万から二万五〇〇〇人、車での往来に関しては一万五〇〇〇台だったとされている(16)。本章の冒頭では、フニデクに暮らすモロッコ人の多くが家事労働者や建設労働者などといったさまざまな仕事をするためにセウタに渡り、それによってモロッコでは望めないような収入が得られうることを指摘した。フニデクの人口が八万人にも満たないことを考えると、およそ四分の一にあたる人びとが日々セウタを訪れていたことになる。

二つ目は、飛び地領における税制優遇措置だ。生活に不便な飛び地を支える策として税制優遇措置が取られることはままあるが、このスペインの飛び地領においても同様だ。

スペイン本土では、商品やサービスに対して四〜二一パーセントの付加価値税（ＩＶＡ＝Impuesto sobre el Valor Añadido）が課されている。一方、自治都市であるセウタとメリリャではこの税は適用されていない。その代わりとして「生産とサービス、輸入に関する税（ＩＰＳＩ＝Impuesto sobre la Producción, los Servicios y la Importación）」が導入されており、その税率は〇・五〜一〇パーセントと低くなっている。ＥＵは単一市場として機能するため、付加価値税を共通税制として定めており、その税率は原則一五パーセント以上とされている。そのため、付加価値税ではなくＩＰＳＩが適用されているセウタとメリリャは、ＥＵの欧州委員会に含まれていない。

そして三つ目が、セウタの国境には商業用の税関が設置されていなかった点だ。たとえば日本の空港には税関が設置されているため、私たちは日本に入国しようとすると税関に申告書を提出し、課税対象の品物があれば納税する。それは海路や陸路の国境でも同様のはずだ。

しかし、セウタにはそれがなかった。セウタには税関自体は存在していたが、麻薬や向精神薬などの違法な品物のコントロールのみを行っていた。一方、メリリャには一八六六年から商業用税関が設置されていたが、二〇一八年に閉鎖された。つまり、セウタから直接モロッコに商品を「輸入」しようと思っても、正規にそれをするためのすべがなかったとも言える。

なぜか。その答えは、領土問題にある。モロッコの独立系メディアでは、「モロッコが「セウタに対する」スペインの領有権を認めていないため、セウタには商業用の税関が設置されていない[17]」との指摘がある。税関を置くということは、そこが国境、つまり国家と国家の境界であると認めることと同義だ。セウタを「自国固有の領土」として見るうえで、税関を置くことはモロッコにとっては不都合なのだ。

ちなみに、これと同様の趣旨で、飛び地領内にはモロッコ領事館が設置されていない。これについても、「領事館設置はこれらの都市に対するスペインの主権を、公式に承認することを暗に意味することになるからである[18]」との指摘がある。

領土問題によるひずみ

査証なしでの往来、飛び地領における税制優遇措置、税関の不設置。この三つが合わさり、本書のテーマである「密輸」が行われるようになっただろうことは想像に難くない。査証免除の対象となるモロッコ人が、税制優遇措置が取られているセウタに渡る。セウタで比較的安価な商品を購入し、税関を介さずにモロッコに持ち込む。まさにそれが「密輸」の仕組みだ。

これらの政策からは、モロッコとスペインのそれぞれの立ち位置を読み取ることもできる。モロッコは税関や領事館の不設置という政策を通して、セウタを自国固有の領土としてアピールしている。一方、税制優遇措置からわかるように、スペインは地理的な不利益を認め、より実態に合った政策を実施している。

セウタはメリリャとともに、領土問題という歴史的背景によって生じた二国間のひずみを引き受ける地域だった。そしてそのことが数々の例外状態を招き、「密輸」を生じさせていたのだ。

移民の経由地

域外国境の管理

スペインの飛び地領とモロッコの国境は、移民や難民の経由地として知られている。飛び地領はアフリカ大陸に位置するという地理的要因から、一九九〇年代後半ごろからサブサハラ・アフリカを出発して欧州をめざす移民や難民が押し寄せ、問題化しているのだ。移民や難民は海路と陸路で欧州をめざすようになっていた[19]。

これまでも触れたように、「非正規」な越境を防ぐため、飛び地領とモロッコとの国境線にはフェンスが張り巡らされている。フェンスは建設された一九九五年当初は高さ三メートルだったが、二〇〇四年には高さを六メートルに引き上げることが決定された。そして現在、高さ六メートルの三重のフェンスが飛び地領とモロッコを分かち、カミソリ付きの有刺鉄線が張りめぐらされた場所もある。さらには監視カメラやセンサーなども設置され、両国の治安当局による監視が行われている。

モロッコと飛び地領のようなEUの域外国境の管理は、アムステルダム条約が発効した一九九九年以降に検討されるようになった。シェンゲン域内の国境管理を廃止する代わりに域外国境の管理を強化することは、スペインやイタリアといったEUの玄関口になる南欧諸国にとっては大きな負担となる。南欧が西欧より財政的にも厳しい現実をふまえればなおさらだ。そのため、「非正規」移民の取

写真1-2◆
セウタ（手前）とモロッコを分かつ国境に引かれたフェンス

り締まりや国境の監視などの分野で加盟国間の協力を強化する仕組みが検討されるようになった。負担軽減を考える南欧諸国だけでなく、域外国境をもたないイギリスやドイツといった「目的地」となる国家も、前線での移民や難民の流入を食い止めるために大きな関心を寄せていた。[20]

その象徴となるのが、ＥＵが二〇〇四年に設立した欧州対外国境管理協力機関（通称・フロンテクス）だ。フロンテクスは二〇一一年のアラブの春や二〇一五年の欧州難民危機を受け、欧州国境沿岸警備機関と改称し、その権限が強化されている。警備機関としてのフロンテクスは従来の協力機関という形態では不可能だったＥＵ予算での装備の購入や配備の権限が与えられたほか、域外国境の監視時に加盟国の要請を待たずに緊急介入の決定が可能になった。

ＥＵは自ら国境管理にあたるだけではなかった。域外国境の管理は、隣接する域外国にも

「委託」されるようになっていく。EUは「非正規」移民の根本的原因に対処することを目的に、二〇一五年に「アフリカのためのEU緊急信託基金」を開設し、アフリカ諸国への拠出を行っている。モロッコも域外国の一つとして、EUやスペイン、フランス、ドイツといった国ぐに、そしてこの基金から、域外国境の管理のための拠出を受けている。

それでも越境を試みる人びとは絶えない。とくに二〇一五年に欧州難民危機が騒がれるようになってから、モロッコから飛び地領を経由して欧州をめざすルートが再注目されることになった。欧州難民危機で当初注目されていたのは、トルコ経由でギリシャをめざす東地中海ルートだった。しかし、二〇一六年三月に「非正規」移民の対策を柱として定められたEU・トルコ声明によって事実上このルートが閉鎖され、リビア経由でイタリアをめざす地中海中央ルートを選ぶ移民や難民が増加した。[21] さらに、イタリアとリビアの協力で密航の取り締まりが強化されたことや、二〇一八年六月にイタリアで反移民を掲げるコンテ政権が誕生したことを機に、このルートに代わってモロッコ経由でスペインをめざすルート（地中海西ルート）に人が押し寄せることとなった。

拠出とモロッコの政策転換

EUからの多額の拠出により国境管理を委託されているモロッコは、自国を経て欧州をめざす「経由移民」が自国に流入することを、「地理的要因の被害者」「地理的貸し」ととらえていた。[22] それでも欧州からの圧力もあり、域外国境の存在を前提としながら経由移民に関わる政策を展開しなければならなかった。

それまで経由移民に対して黙認（blind eye）の姿勢を取っていたモロッコは、二〇〇三年に「外国人の入国・滞在・移出民・不法移民に関する法」を制定する。これは「非正規」の移出入に罰金を科すという犯罪化や、国境警備を従来の二倍の八〇〇〇人規模に増員するというような、「非正規」移民に対する強硬姿勢を示すものだった。この背景には、EUが域外国境からの「非正規」移民の流入を食い止めるため、モロッコに法整備のための支援をしたことがある。

モロッコにとっては、別の目論見もあった。この法整備によってサブサハラ・アフリカ出身の経由移民を問題化することで、欧州に「非正規」に渡るモロッコ人移民の問題を不可視化するというねらいがあったのだ[23]。モロッコは一九七三年の第一次石油危機を機に欧州での移民受け入れが停止されるようになるまで、歴史的に結びつきの強いフランスをはじめとした欧州の国ぐにに移民を送り出していた。その後、欧州をめざすモロッコ人「非正規」移民の存在がたびたび問題となっていたのだ。

こうしてモロッコは、EUの要求に応えながら自国の「利益」も確保するかたちで、移民の安全保障化とも言える政策を築いた。しかし、このようなモロッコの強硬姿勢は長くは続かなかった。二〇〇五年にスペイン飛び地領セウタ、メリリャとの国境地帯で少なくとも一二人の経由移民が国境警備隊に射殺されるという事件が起こり、国際的な非難を浴びた結果、方向転換を強いられたのだ。

モロッコは二〇〇六年、首都ラバトで「第一回移民と開発に関する欧州アフリカ閣僚会議」を開き、移民問題に取り組む姿勢をアピールした。この会議には受入国であるフランスとスペイン、送出国であるセネガル、そして経由地としてモロッコが出席し、地域協議プロセスとしてのラバト・プロセスが採択された。ラバト・プロセスは欧州やアフリカの五八カ国で構成され、「非正規」移民対策や国際的保護などの分野で展開されている[24]。

一方で、経済発展が進むなか、モロッコは経由地としてだけでなく定住国としても見られるようになってもいる[25]。それに伴い、二〇一三年にはこれまでの移民の安全保障化を行っていた政策から一転し、人道的観点を掲げる新移民・難民政策が策定された。これにより、数万人規模の「非正規」移民の例外的合法化や、移民や難民のモロッコ社会への統合に向けた法改正がなされた[26]。

こうして人道的政策へと舵を切った背景には、またもやEUの国境管理の外部化の影響がある。たとえば「アフリカのためのEU緊急信託基金」は二〇一八年六月の追加拠出のうち、六五〇万ユーロをこの新政策の支援に充当している。モロッコにはEUあるいはスペインやフランス、ドイツから多額の拠出がなされているが、二〇一九年十二月にもモロッコの開発や国境管理の支援のための新たな協力プログラムとして、EUが計三億八九〇〇万ユーロを拠出することが発表された。

しかし、岡部みどりはEUの文書を参照し、「モロッコはこのEUからの支援プログラムを享受したものの、出入国管理についてのEUからの要請、とりわけ、モロッコを経由してEUに向かう人の流れをせき止めるための協力については十分に応じられないとしている[27]」と指摘している。その背景には、経由移民がモロッコ国内にとどまることで、治安悪化が懸念されていることが挙げられる。実際、政策と実態には乖離が見られた。

越境するサブサハラ移民

モロッコのムハンマド六世国王は二〇一七年一月、アフリカ連合（AU = African Union）サミットで、「わが国ではサブサハラ市民を受け入れており、第一段階で二万五〇〇〇人を正規化した。［中略］彼らが社会の周縁で生きることのないように行動している。［中略］モロッコはこの分野において、アフリカのリーダーシップを追求している」とスピーチした[28]。しかし、二〇一四年に実施された

この正規化の対象となったのは、非正規で滞在する人びとのうち二年以上にわたって適正な労働契約を結んでいる、あるいはモロッコに継続して五年以上居住しているというような厳しい条件を満たす必要があり、享受したのは限られたごく一部にすぎなかった。

正規化の対象とならなかった多くの経由移民は、野宿をしたり、鉄道駅脇の更地や山中にキャンプを張ったりして、「社会の周縁」で生きることを余儀なくされていた。アムネスティ・インターナショナルは、「モロッコにおける数千人のサブサハラ移民に対する容赦のない取り締まりは違法」と指摘している[29]。モロッコ当局は経由移民が形成したキャンプへの放火や掃討作戦を行ったり、バスでスペイン飛び地領から離れたアルジェリア国境やモロッコ南部に送還したりしているとされている。人道的政策が掲げられている裏では、サブサハラ移民に対する賄賂の要求や暴力が絶えなかった。

「すべての苦しみがそこにありました」

モロッコを経由してセウタにたどり着いたギニア出身のムハンマドは、モロッコでの生活をそう振り返った。

二〇一八年七月、約六〇〇人のサブサハラ・アフリカ出身の移民が、モロッコとセウタを分かつフェンスを乗り越えた。少人数でフェンスに向かえば、警察や憲兵にすぐに制圧される。そのため、移民が数百人規模でフェンスを乗り越えようとする事例が相次いでいた。このような越境を取り仕切り、手数料を徴取している斡旋業者もいる。

このとき越境した約六〇〇人の移民は、スペインの治安当局に対して石灰や汚物の入ったペットボトルを投げつけるなどして攻撃を行ったとされている。当局側から負傷者が出る事態となり、移民のうち一部は逮捕された。一方で、大多数はスペインの基準に基づいてセウタで移民として受け入れられた。

目的を達成するためには攻撃も辞さない。そのような移民側の姿勢は、実際に当局側の負傷者を出すことにもなり、問題となった。そのことを擁護したいとは思わない。ただ、当局側からの「攻撃」についても触れておかなければならない。二〇〇五年にスペイン飛び地領との国境地帯で少なくとも一二人の経由移民が国境警備隊に射殺されるという事件が起こり、国際的に非難を浴びたことは先ほど述べた。さらに二〇一四年には、モロッコからセウタへ泳いで渡ろうとした「非正規」移民一五人が、スペインの治安警察による催涙ガスやゴム弾を受けて死亡している。当局による攻撃を受けた移民は、いずれも非武装だったという。そのような事件が起こっている場所なのだ。

ギニア共和国の首都コナクリ出身、当時二十四歳のムハンマドは、二〇一八年七月にフェンスを乗り越えることに成功し、セウタにたどり着いた一人だ。セウタでムハンマドと出会ったのは、二〇一八年九月。セウタに入国して二カ月ほどが経ち、彼は市内のインテリアショップの駐車場で車両の整理をしていた。有刺鉄線が巻かれたフェンスを乗り越えたときに手のひらについた傷は、ひきつれになっていた。

ムハンマドはかつて、出身国のギニアで露天商として働いていた。正規の職が得られず、こちらもインフォーマル経済に分類される仕事だ。妻と、当時三歳の娘と二歳の息子を養うには、露天商で得られる収入は不十分だった。「ギニアには仕事も何もない。ほとんど食べて寝るだけの生活だった」という。

そこで、欧州をめざすことにした。欧州で仕事を得られれば、家族に仕送りができると思ったからだ。妻と子どもを両親に預け、ギニアを離れたのは二〇一六年末。主な移動手段は自分の足だ。サハラ砂漠も徒歩で越えながら、マリ、ブルキナファソ、ニジェール、アルジェリアを経て、一年間ほどかけてモロッコに入った。その後、半年以上をモロッコで過ごし、念願のセウタ入りを果たしたのだ。アルジェリアからモロッコに「非正規」に入国するため、一五〇〇アルジェリア・ディナール（約一五〇〇円）を斡旋業者に支払った。モロッコでは、カサブランカやラバトといった都市を経てフニデクに到着し、国境そばの森の中で暮らしていた。フニデクに到着するまでにも当局に見つかり、九〇〇キロメートル近く離れた南部アガディールまで四度も送還されたという。

物乞いをして食いつなぎ、日銭を稼いできたムハンマド。彼がたどった道筋は、貧困と暴力、賄賂、そして人種差別の連続だった。

アルジェリアでは、警察に会うとすぐに賄賂を要求されました。その場でジャンプをさせられ、小銭のチャリンという音が聞こえれば、根こそぎ没収されました。ギニアの家族と電話をするにも金が必要だったので、とても苦しかったです。モロッコに入ったときは安心しましたが、それでも暴力や賄賂の要求は続きました。フニデクの森では、小さなボウルに入った食べ物を、一〇人で分け合っていました。

そうしてたどり着いたセウタでは、市内の移民一時滞在センターに受け入れられた(30)。午前はセンターで手続きやスペイン語の授業を行い、夕方になると市内に出て、駐車場の車両の整理をする。セウタではそのように、駐車場での車両整理やガソリンスタンドでの洗車など、インフォーマルな「仕事」をして小銭を稼ぐサブサハラ移民の姿が多く見られた。

ムハンマドは、一緒にフェンスを乗り越えた仲間であるセネガルの首都ダカール出身のアサン（当時十九歳）と仕事をし、一つの携帯電話を二人で使っていた。アサンはセネガルを出た理由について、ある日は「民族紛争があったから」と語り、またある日は「経済的にいい暮らしをしたかったから」と語っていた。

ムハンマドとアサンは二〇一九年、スペインのNGOの支援でスペイン本土に渡り、移民として受け入れられたという。私はその翌年にスペイン南部のアルヘシラスでアサンと再会し、彼が通っているマネジメントの専門学校の話を聞いた。翌週に控えた試験のため、勉強が忙しいとうれしそうに話していたのをよく覚えている。

ムハンマドやアサンは、かなりの成功例だ。全体から見れば少数にすぎない。大多数は、移動の途中で亡くなったり、送還されたりしている。

欧州難民危機が騒がれた二〇一五年に報じられた、トルコの海岸に横たわる子どもの写真を覚えているだろうか。当時三歳のシリア難民のアイラン・クルディの乗ったボートがギリシャに向かう途中で転覆し、溺死した遺体が海岸に打ち上げられた。この写真は世界的に広がり、欧州では難民受け入れをめぐって議論が巻き起こった。

このような事故は、セウタとモロッコの国境地帯でも多発していた。仕事のない故郷を離れ、欧州をめざすサブサハラ移民にとっては、移動は暴力や死の危険と隣り合わせなのだ。

モロッコ社会と移民

モロッコで暮らしていて、サブサハラ移民を見かける機会は少なくはない。それはセウタと近いフニデクだけの話ではない。カサブランカやラバトといった大都市には、露天商をする移民が多くいた。モロッコの大都市にはトラム（路面電車）も走っているが、私が利用していたときはよく、トラムの駅で数十本のイヤホンを手にしたカメルーン出身の若者が物売りをしていた。

「密輸」についての調査もしながら、私はモロッコで暮らす移民にも関心があった。二〇一八年五月に知人に国境近くのツアーガイドの男性を紹介してもらい、国境のモロッコ側を案内してもらったのだが、そのときの私の要望は「『密輸』の現場が見たい」と「移民が住む森の近くに行きたい」だった。なかなか珍しい客だったと思う。

前者については第二章以降で後述するとして、後者のリクエストに応えるため、ガイドは移民が暮らす森のほうへ車を走らせてくれた。といっても、車から降りることはなく、車の中でガイドの話を聞くだけだ。私はそれ以上の要求はできなかった。場違いなアジア人を乗せた車は二度ほど警察官に止められたし、ここがセンシティブな国境地帯であることは理解しているつもりだった。

向かった先は、フニデクから北西に進んだところにある、モロッコ最北端の山であるムーサ山のふもとだ。海岸沿いの町まで、しっかり舗装された道路が一本通っている。道路の両脇には、青々とした森が広がっている。

森のところどころに、ピンク色の建物や車が見える。施設の周辺には、有刺鉄線の巻かれたフェンスが走っている。ガイドによると、これらは国境管理を担う警察や憲兵の施設らしい。

移民はどこに暮らしているのか。そう尋ねると、ガイドは「あの穴倉の中にレ・ノワールが住んでいます」と木々のあいだを指さした。レ・ノワールとは、フランス語で黒を意味する。つまり、黒人ということだ。穴倉がどこなのかは、よく見えない。

レ・ノワールは目が良いんです。こっち〔道路〕から彼らのことは見えないけれど、彼らはここを通る車や人を全部見ています。レ・ノワールは普段は森の中に住んでいますが、おなかがすいたら町に下りてくる。そして物乞いをしているんです。

穴倉を探そうと森を見ていた私に、ガイドは淡々と話した。「物乞いをされたらお金をあげるんですか」と尋ねると、「あげることもあります。彼らも大変ですから」と言われた。イスラーム教では、信仰上の義務である五行の一つに喜捨がある。喜捨には、困窮者を助けるための義務的なものであるザカートと、個人が善意で自発的に行うサダカの二種類がある。私も暮らしの中で、物乞いの女性や子どもに喜捨をするモロッコ人をたくさん見てきた。

私はガイドの言葉に引っかかりを覚えた。目が良くて、遠くまで全部見える。森の中に住んでいて、おなかがすいたら町に下りてくる。それらは事実かもしれない。しかし、このような言い回しからは、「レ・ノワール」を自分たちとは違う、「野生」の存在として見ているかのように思えてならなかった。

たしかにモロッコでは、「アフリカ人」と自分たちを区別していると思われることが少なくなかった。砂嵐ほどではないが風に砂が混じっていた春のある日、友人が「こんなに砂が舞って、まるでアフリカみたい」と言っていたことも思い出される。モロッコで言う「アフリカ」「アフリカ人」は多くの場合、日本でステレオタイプ的にイメージするような、サブサハラ・アフリカのことを指していた。

写真1-3◆
国境のモロッコ側に広がる森。経由移民が暮らしていると言われている。

「外国人の入国・滞在・移出民・不法移民に関する法」を制定し、移民の犯罪化とも言える政策を展開していた二〇〇三年ごろ、モロッコは同時に、政府系メディアを使ってサブサハラ移民とエイズ、アルカイダなどを結びつける報道を行い、市民の経由移民への嫌悪感を醸成していた[31]。現在も、モロッコにおける人種差別はしばしば問題となっている。

一方で、経由移民が増えることが、モロッコ社会にとっての負担になっていることも否定はできない。モロッコはたしかに、EUなどから国境管理のための多額の資金の拠出を受けている。しかし、経由地であることの負担は、国境管理だけにとどまらない。これまで、数多くの移民が移動中に亡くなっていることについて述べた。それでは、命を落としてしまった移民たちはどこへ行くのか。

スペイン領メリリャに隣接する地方都市ナドール。ここもセウタと同様に、多くの移民の経由地となっている場所だ。モロッコの独立系政治週刊誌に掲載された記事によると、ナドールにあるエル・ハッサニ病院では、二〇一七年には六九のサブサハラ移民の遺体を安置所に受け入れたほか、搬送された九人が院内で死亡が確認された。同病院の遺体の収容可能数が、一〇〇だったにもかかわらずだ[32]。

多くの移民は身分証明書を携行しておらず、どの国から来た誰かもわからない。そこで、当局や地元のアソシエーションが協力して、身元特定をめざすという。三カ月経っても判明しない場合にはDNA採取を行う。身元が判明し、遺体を出身国に移送する場合には四万ディルハム（約四五万円）近くかかる。親族が費用を捻出できない場合や身元特定に至らない場合には、国王の許可が得られれば、ナドールのキリスト教徒やイスラーム教徒の墓地に埋葬するという。

本章で紹介したギニア出身のムハンマドも、セネガル出身のアサンも、そしてほかの多くの移民も、出身国の貧困が移動を決意させる大きな要因であることには疑いようがない。そのような移民の親族にとって、四万ディルハムというのは大金だ。

モロッコでサブサハラ移民の権利保護に取り組む団体は、この記事の中で次のようにコメントしている。

アフリカでは、数ユーロを稼ぐのでも一日仕事です。少しでもお金があれば、生きている人のために使いたいと思うでしょう。なので、遺体がナドールで埋葬されるか、［首都］ラバトに運ばれて埋葬されるかのいずれにせよ、いつか家族が遺骨を取りにくる機会があることを願っています[33]。

「モロッコはテロリスト輸出国」

世界に広がるモロッコ人

これまで、移民の経由地として飛び地領やモロッコを見てきた。一方で、モロッコは移民の送出国でもある。モロッコ高等計画委員会（統計局）によれば、モロッコ国外に住むモロッコ人の数は二〇二〇年に五四〇万人に達した。海外に住むモロッコ人からの送金は、二〇二一年には九〇億米ドルを超え、モロッコのGDPの七・三パーセントを占めたという(34)。モロッコの外務省にあたる省の名前も、私がモロッコに滞在していた二〇一八年時点では「外務・国際協力省」だったはずが、今ではその名前が「外務・アフリカ協力・在外モロッコ人省」に変わっている。省の名前に冠するところからも、モロッコにとっての在外モロッコ人の重要性がうかがえる。

とくに旧宗主国のフランスには、現在も約一〇〇万人のモロッコ人が移住している。フランスは第二次世界大戦後の高度経済成長期に、南欧のスペインやポルトガル、またモロッコやアルジェリアなどの旧植民地から多くの外国人労働者を受け入れた。この傾向は、一九七三年の第一次石油危機で外国人労働者の受け入れが停止されるまで、約三〇年間続いた。

モロッコ人移民の向かう先は、地域としては欧州が最多だが、ほかにもアメリカ地域やアラブ地域、アフリカ地域にも広がっている。

「テロリスト輸出国」のレッテル

このように各国にモロッコ人が散らばっていることが、二〇一七年ごろに大きく取り上げられた出来事があった。それが、二〇一五年十一月のフランス・パリ同時多発テロ、そして二〇一七年八月のスペイン・バルセロナ同時多発テロだ。

当時は、過激派組織「イスラーム国」が世界各地で相次いでテロを起こしていたころ。モロッコから「イスラーム国」に渡り、戦闘員になった人びとは一六〇〇人以上とされている。モロッコ国内で起きた大規模テロは二〇一一年四月にマラケシュで発生した爆破テロが最後だが、「イスラーム国」に感化され、テロを企てるモロッコ人らの摘発も相次いでいた。

そのなかでも、パリとバルセロナで起こった同時多発テロは、モロッコにとってテロそのものの悲惨さを感じさせるだけでなく、別の意味でも衝撃を与えた。欧州のメディアで、「モロッコ系」という言葉が取りざたされたのだ。パリの同時多発テロの首謀者とされているアブデルハミド・アバウドがモロッコ系ベルギー人であり、バルセロナで発生したテロもモロッコ人であるユネス・アブヤクブをはじめ、容疑者の多くがモロッコ系だったからだ。

バルセロナのテロを受け、フランス系イラン人の社会学者ファルハド・ホスロハヴァルがフランスの日刊紙ル・モンド紙に寄稿した論考が、モロッコで物議を醸した。「モロッコはジハーディストを輸出している」と題されたホスロハヴァルの論考の一部を、次に引用したい。

一方、二〇一五年十一月十三日のパリ、二〇一六年三月二十二日のブリュッセル、そして［二〇一七年〕八月十七日のスペインのような組織化された攻撃については、モロッコ出身者が最多だ。フランスやスペイン、ベルギーを含む巨大な領域において、モロッコ人、とりわけモロッコの権力者に抑圧され、欧州の二級市民として劣等感や屈辱感を抱いたアマジグ〔ベルベル人〕にルーツをもつ人びとのディアスポラが過激化の兆候を見せている。(35)

ここでのアマジグ（ベルベル人）とは、モロッコに暮らす民族を指す。詳しくは第二章で述べるが、モロッコにはアラブ人とベルベル人が暮らしている。近年はベルベル人の地位向上が進んでいるものの、歴史的には周辺的な存在だと見なされていた。

ホスロハヴァルは一九九〇年代から過激化についての研究を始め、過激化についての数多くの論文や著書を上梓している。彼が記したような「モロッコ人〔中略〕のディアスポラ」、つまりモロッコ人が国外に渡っていることが「過激化の兆候を見せている」とする論調は、バルセロナのテロの発生直後の欧州のメディアでは主流だった。

一方、モロッコの政府系メディアの一つはこれに対し、「バルセロナのテロの首謀者の過激化の責任はモロッコにあるのか」と題する記事を発表して反論した。そのなかではホスロハヴァルを名指しし、次のように述べている。

社会学者がカタルーニャ〔地方のバルセロナ〕のテロの首謀者が歩んだ過程や、どのような状況で過激化したのかを知ろうとしないことは驚くべきことだ。しかし、本当の問題を明らかにしようとしない姿勢をもつのは、彼一人ではないだろう。(36)

記事では、首謀者とされるユネス・アブヤクブをはじめ、実行犯グループにいた「モロッコ系」がそれぞれ何歳のときにモロッコを離れたかを詳細に記述している。たとえばアブヤクブについては、次のように記されている。

二十二歳のユネス・アブヤクブは、［モロッコ］中央アトラスの村ムリルトに生まれ、両親に連れられて七歳のときにスペインに渡った。ユネスは八月二十一日、カタルーニャ警察の弾丸を受けて死亡した。カンブリルス［バルセロナのテロの翌日にテロが起こった町］でカタルーニャ警察によって殺害された五人の襲撃者のうちの一人であるユネスの弟のフサインは、四歳のときにスペインに移住している。アブヤクブ兄弟は、モロッコのどの学校でテロリストとして目覚めたのだろうか。年齢の高いほうでも、わずか七歳でモロッコを離れたというのに[37]！

記事はこのような調子で、実行犯らが生後六カ月から十歳の間にモロッコを離れたことを説明し、「カタルーニャのテロを起こしたテロリストの過激化は、生まれ育った国ではなく教育を受けた国と関係がある」と語りかける。そうすることで、西欧メディアが犯人の「モロッコ系」という属性をことさらに強調して報じていることを批判した。

のちに、アブヤクブ容疑者をはじめとするテロの実行犯らを「洗脳」していたとして、実行犯らが暮らしていたスペイン東部リポルにあるモスクのイマーム（指導者）だったアブデルバキ・エス・サーティの名前が挙がる。実行犯らは、このモスクに通っていた。エス・サーティもモロッコ出身で、首謀者として爆発物の製造に携わっていたとされている(38)。

現在では、パリやバルセロナで起きたテロは、国外の過激派組織の主義や主張に共鳴し、「自国」内でテロを起こすホームグロウンテロと見なされることが多い。その意味で、出身国ではなく育った国に焦点を当てた当時のモロッコの反論は、切り捨てることはできない。それでも、フランスのル・モンド紙に掲載された記事と比較して、モロッコが行った反論がどれだけ読まれたのだろうかと考えてしまう。

一年後のリポルで

バルセロナのテロから一年後の二〇一八年七月。私はアブヤクブやエス・サーティらテロの首謀者や実行犯が暮らしていたスペイン東部の町リポルを訪れた。バルセロナから電車で一時間半。カタルーニャ地方の町で、一万人ほどが住んでいる。一九九〇年代にモロッコ人など多くの移民を受け入れ、この町には現在、五〇カ国以上からの移民が暮らしているという。

「モロッコは平和な、多様性と寛容の国です。私はモロッコ人であることを誇りに思っています」

リポルにはイスラーム教のモスクが二つある。そのうちの一つでお祈りを終えた三十代の男性に話を聞くと、そんな言葉が返ってきた。

男性はモロッコ北東部の町ウジダ出身で、先にリポルに移住していた父に合流するため、十七歳でモロッコを離れた。リポルでの暮らしは一〇年以上。カタルーニャ語を流暢に話し、日ごろはトラックの運転手として働いていた。リポルに暮らすモロッコ人は、お互いに顔見知りだという。

バルセロナのテロがあった「あの日」、家でテレビを見ていた男性は、そこに知り合いが映っているのを見て釘付けになった。実行犯の一人、ドリス・ウカビル容疑者だ。ウカビルは、十歳のときにモロッコを離れたとされている。その日から生活は一変した。町のあちこちに警察が来て、家宅捜索をしていた。さらに、国内外からのメディアも押し寄せ、自身も多くの取材に答えたという。テロリストに「モロッコ系」とレッテルを貼ったメディアに対して、彼はこう話す。

メディアは商業主義に走ったのでしょう。そうして印象操作をし、混乱を招いています。テロリストがモロッコ出身だとしても、彼らは欧州で育っているのです。経済的な理由でモロッコを出て移民になり、そしてその先で何か要因があったのでしょう。

EUは移民分野だけでなく、対テロ分野においてもモロッコとの関係を重視している。二〇一八年六月に行われたモロッコ・EU合同議員会議でも、過激化や過激主義との闘いをEUとモロッコのパートナーシップの優先事項に含めることが宣言に盛り込まれたほか、モロッコは北大西洋条約機構（NATO）のパートナーとしても協力関係にある。[39] モロッコ国内では、欧州でのテロが相次いでいたころ、「モロッコの諜報機関の介入により、スペインはいくつかのテロを回避することができた」という論調の報道もなされていた。

鍵を握る西サハラ問題

最大の領土問題

モロッコが抱える最大の問題。それは西サハラ問題だ。モロッコで領土問題と言えば、セウタとメリリャというスペインの飛び地領よりも、何よりもまず西サハラ問題が挙げられる。西サハラはモロッコ南部に位置する旧スペイン領で、西サハラの解放をめざす組織「ポリサリオ戦線」が樹立した亡命政権「サハラ・アラブ民主共和国」が独立をめざしているが、現在はモロッコが実効支配をしている。日本で見られる地図には、モロッコ南部に点線があり、どこの国でもない地域がある。それが西サハラだ。

飛び地領と西サハラはいずれも、ポストコロニアルのモロッコにとって領土保全の要だった。しかし、すでに述べたように、モロッコは同じ熱量でこの北と南の領土問題に向き合っていたとは言えない。飛び地領に関しては、モロッコは自国の領土だと主張しているにもかかわらず、社会的・経済的には飛び地領がスペイン領であることの恩恵を享受していたからだ。一方、西サハラ問題に対する姿勢は頑なだ。そのような西サハラ問題について、概観していきたい。

モロッコでは、この地域は西サハラではなく、南部サハラ、あるいは単純にサハラとされている。首都はラユーンに置かれており、人口は六〇万人前後と推計されている。西サハラにもともと住んでいた人びとは「砂漠の民」を意味するサハラーウィと呼ばれているが、多くのモロッコ人がこの地に入植しているとされている。モロッコの通貨ディルハムが使われており、モロッコの主要都市にある空港とは「国内線」で結ばれている。

西サハラは、肥料や工業用途に使用されるリン鉱石の世界的な産地だ。水産資源も豊富で、日本で「モロッコ産」として売られているタコやマグロといった水産物もほとんどが西サハラで捕れたものだ。一方、西サハラに暮らすサハラーウィは、モロッコ政府からの人権侵害を受けているという。二〇二〇年に東京都などで開催された「イスラーム映画祭」では、西サハラを扱ったドキュメンタリー映画『銃か、落書きか』(二〇一六年、スペイン)が上映された。そのなかには、モロッコの警察官らが住民に暴力を振るう様子や、必死に抵抗する人びとの姿が映し出されている。

モロッコ北部の港町出身の二十代の女性は、「高校生になるまで、サハラが領土問題になっているなんて知りませんでした」と話す。彼女は中学までモロッコの公立校に通い、高校からフランス系の学校に通った。彼女は次のように振り返る。

　モロッコが独立して、緑の行進〔後述〕をして、スペインから奪還しました。モロッカン・サハラになりました、マル、以上〔Un point, c'est tout.〕。〔モロッコの〕中学で教えられたのはそれだけです。だから領土問題があると知ったときは、なぜ、どこと、とすごく驚きました。

言い換えれば、そもそも領土問題があることすら教えられていないのだ。もちろん、そんなに簡単な話ではない。

西サハラ地域は一八八四年のベルリン会議以降、一九七五年にスペインが領有権を放棄するまでスペインの保護領だった。隣国のモロッコとモーリタニアは一九六三年以来、スペイン領サハラの領有権を主張していたものの、一九七五年十月の国際司法裁判所による諮問見解で両国の主権が否定され、住民の自決権行使が望まれた[40]。一方、一九七三年にはサハラーウィの解放をめざす組織であるポリサリオ戦線が誕生し、独立国家の建設をめざしている。

国際司法裁判所の諮問見解に対し、「実力行使」に出たのがモロッコだった。諮問見解が出された翌月の一九七五年十一月、「モロッコ領サハラの返還」をめざす三五万人のモロッコ国民が、スペイン領サハラの国境に向かってデモ行進を行った。「緑の行進」と呼ばれたこのデモ行進では、参加者が手にモロッコ国旗やイスラーム教の聖典クルアーンなどを掲げたとされ、モロッコへの「返還」を国際社会にアピールするのが目的だった。その後、スペインはスペイン領サハラをモロッコとモーリタニアに分割譲渡することとなった。

この二国と武力衝突を繰り返していたポリサリオ戦線は、一九七六年にサハラ・アラブ民主共和国を樹立。その後、モーリタニアは政権交代を機にポリサリオ戦線との和平交渉に入り、一九七九年に西サハラの領有権を放棄した。こうして、西サハラにはモロッコとポリサリオ戦線の紛争だけが残ることとなった。

国連安全保障理事会は一九九一年の決議六九〇で西サハラの停戦を実現したほか、「国連西サハラ住民投票ミッション」を設立し、西サハラの独立かモロッコへの統合かを選ぶ住民投票の実施をめざした。しかし、住民投票は現在に至るまで行われていない。

そのような状況をふまえ、現在モロッコ側が求めているのは、モロッコの主権下で、西サハラに自治権を付与する「モロッコ自治案」だ。一方、独立をめざすポリサリオ側とのあいだでは、議論は進展していない。

変わりゆく情勢

モロッコにとって、西サハラ問題は外交上の最大の課題だ。欧米や日本は西サハラを国家とは認めていないものの、モロッコの「領有」も批判するという中立的な立場だった。しかし近年、西サハラをめぐる状況は変化しつつある。

モロッコは二〇二〇年、アメリカ合衆国のドナルド・トランプ元大統領の仲介により、イスラエルとの国交正常化に合意した。アラブ諸国としてパレスチナとのつながりが強かったモロッコの合意の背景にあったのが、西サハラ問題だ。トランプ元大統領が合意の「見返り」として、モロッコに西サハラ全域の領有権を認めることを表明したのだ。二〇二二年には、スペインがこれまでの中立的な立場を撤回し、「モロッコ自治案」を支持すると表明した。この背景には、移民問題などをめぐるモロッコ側からの圧力があったと言われている。

ダニエル・ジゼンバインは西サハラ問題について、「モロッコが他国との外交関係の本質と、ときにはあり方を決定するリトマス・テストであり、モロッコにとっては交渉のできないものだ[41]」と指摘する。モロッコはこの指摘どおり、他国の西サハラ問題へのスタンスに基づいて外交関係を決めている。モロッコにとって西サハラ問題は、飛び地領とは性格が異なり、領土保全の問題であると同時に、外交関係の要とも言えるものなのだ。

「外交カード」と飛び地領

本章では、セウタとメリリャというスペインの飛び地領から始まり、移民やテロ、西サハラといったモロッコとスペインをめぐる諸問題を見てきた。本書のテーマである「密輸」とは少しずれていると思われたかもしれないが、これらを背景とした二国間関係は、「密輸」にもつながっている。

ここで、二〇一六年に発売されたイギリスの元政治家デニス・マクシェーンの著書『ブレグジット――イギリスはどのように欧州を去ったか（*Brexit: How Britain Left Europe*）』の中の一節を紹介したい。

アフリカの蛇口

場面は、モロッコの前国王であるハサン二世と、当時のジャック・ドロール欧州委員会委員長の会談だ。

一九九四年、モロッコのハサン国王はラバトでジャック・ドロールに対し、モロッコでは五〇〇万人の農民が欧州へのトマトの輸出を望んでいると話した。ドロールはスペインとフランス、そしてイタリアがそれを許さないだろうと説明した。国王は答えた。「はい、困難なことはよくわかります。しかし、もしモロッコがトマトを輸出できないのなら、われわれは一〇年後にテロリストを輸出しているでしょう[42]」

当時、ＥＵはトマトの産出国であるスペインとイタリアを保護しており、両国からの輸入量計七〇万トンに対し、モロッコからの輸入量を一六万トンに制限していた。マクシェーンはこの記述に続いて、一〇年後の二〇〇四年にスペインの首都マドリードのアトーチャ駅で、モロッコ出身のイスラーム過激派によるテロ事件が起こったことを指摘している。

これをもってまさに国王の言葉どおりモロッコが「テロリストを輸出」したと考えるのは早計だろう。しかし、切り捨てることもまたできない。

モロッコを指す言葉の一つに、「アフリカの蛇口」というものがある。モロッコでインタビューを行った有識者の一人は、少し声を潜めてこう話した。

モロッコは国内にサブサハラ移民やテロリスト、麻薬を抱えています。欧州の安定は、モロッコが握っています。

ひねると水が流れる蛇口のように、モロッコを「ひねる」と欧州にとっての脅威が流出する――。

これまで述べてきたように、移民とテロはＥＵにとっての最重要課題の一つであり、ＥＵはモロッコをはじめとする域外国と協力関係を築いている。麻薬についてはモロッコが大麻の世界的な生産地であり、その多くが欧州に密輸されているという背景がある。それは逆に言えば、モロッコがＥＵとの協力関係に応じることが、ＥＵの安全保障上不可欠であることを示している。

移民の「外交カード」利用

とくに経由移民に関しては、モロッコはその存在を「外交カード」化しているとの批判を受けている。[43]域外国境の管理を担い、経由移民の移動を規制することの実負担への支援をEUから受けるだけでなく、その見返りに有利な条件でEUとの漁業協定や農業協定の締結をねらっているとも言われている。ジャーナリストの新郷啓子も「欧州にとっての真の問題は、モロッコ側の手抜き作業や移民たちの人権侵害ではなく、モロッコに移民問題を逆手にとられ利用されてしまっているところにある[44]」と指摘している。

二〇二一年には、モロッコからセウタへ、移民約八〇〇〇人が「非正規」に越境したと報じられた。この背景には、スペインが当時、新型コロナウイルス感染で重体に陥った西サハラの独立運動の指導者を、スペイン国内の病院に入院させる決定をしたことが挙げられる。モロッコはこれに反発し、国境管理を緩めたとされている。

モロッコではかねてから、「サブサハラ移民の存在は、モロッコにとっての切り札だ。スペインがセウタへの公式訪問を行ったり、西サハラ問題で対立したりしたら、モロッコは移民のセウタへの大移動を黙認するだろう[45]」という言説があった。今回の「事件」の越境者は大半がモロッコ人だったというが、いずれにせよ移民を利用していることには変わりがない。

このように経由移民を利用する動きは、モロッコに限ったものではない。EUへの加盟交渉を続けるトルコも、EU・トルコ声明で協力姿勢を見せながら、加盟交渉の促進や自国民のEUへの査証要件撤廃を求めていた。しかしながら、査証要件撤廃は二〇二三年現在達成されておらず、トルコは経済支援についても不十分だと主張している。トルコのエルドアン大統領は二〇一九年十月、クルド人武装組織への越境攻撃をEUが批判した際に「批判するなら難民三六〇万人を送る」と述べたほか、二〇二〇年二月末には国境を開放すると宣言し、一〇万人近い人びとがギリシャとの国境に押し寄せる事態となった。EUはトルコが移民や難民らを外交上の「武器」として利用しているとの批判を強めていた。

自国を経由する移民を利用するモロッコとトルコに共通するのは、EUに対する不公平感だと言えるだろう。また、トルコはクルド人問題、モロッコは西サハラ問題という国際世論へのアピールが必要な外交課題をそれぞれ抱えており、さらに両国はEUからの経済支援も期待している。EUから国境管理にかかる拠出や支援を受けてはいても、「不法移民を捕まえた後の経済的負担を、われわれにすべて負担させるのはおかしいと不平をもらしている」(46)のだ。

> 多くの「モロッコの」NGOのリーダーらによれば、欧州は「現実的に」なる必要がある。欧州人は問題が深刻であることにますます気づいているが、それを他者に解決してもらおうとしている。欧州はまず、そして何より、欧州人の生活水準や福祉、安全を守りたがっている。しかしながら、これらすべては「犠牲を伴う」ものであり、ますますグローバル化する経済のなかでよりバランスの取れた富の再配分が必要とされていることが指摘されなければならない。(47)（傍点筆者）

モロッコ人研究者のメディ・ラールーは、モロッコにおける移民政策のダイナミクスを論じるなかで、自身のNGOへの調査をもとにこのように指摘している。ここでの「他者」とは、国境管理を委託している域外国を指す。ラールーの指摘からは、域外国が欧州に対してもつ屈折した感情がうかがえる。

このようにモロッコはEUとの数多の協力関係を結ぶ一方、それを外交カードとして用いている現状がある。先述のモロッコの有識者は、「今やモロッコには、スペインよりも力があります」と語る。

西サハラ問題で、アメリカやスペインなど、欧米の支持を取りつけてきたモロッコ。アメリカに西サハラにおける主権を認められた二〇二〇年十二月、モロッコのサアディ・ディン・エル・オトマニ元首相は中東のテレビ局のインタビューで、「セウタとメリリャの問題を俎上に載せるときがきました」と語っている。そして現在も、モロッコとスペインの二国間関係は揺れている。セウタやメリリャというスペインの飛び地領は今、この二つの王国にとっての「爆弾」なのだ。

そのような場所で行われていたのが、本書のテーマである「密輸」だ。次章以降では、「密輸」という営みについて考えていく。

第二章

容認された「密輸」

「密輸」の始まり

「ラバ女」と呼ばれて

ともすれば自分の身体よりも大きい梱を、腰をかがめながら担ぐ女性たち。その重さに苦悶の表情を浮かべている。荷物を抱えたまま転倒し、泣き叫んでいる女性もいる。女性たちへのインタビュー映像では、怒りをあらわにしたり、涙ぐんだりしている。彼女たちの話す言葉がわからなくても、痛みだけは伝わってくる。

インターネットで「セウタ　密輸」などと検索すると、そんな衝撃的な写真や映像が数多くヒットした。

ジュラバの下に商品の洋服を隠し、モロッコへ運んでいた運び屋への暴力を目にしたことを機に、私は「密輸」について調べ始めた。そしてすぐにわかったのが、商品を隠し持って行うものは、「密輸」のほんの一部にすぎなかったということだ。大多数の運び屋は五〇〜一〇〇キロにもなる商品の梱を背中に担いで運んでおり、「密輸」であることを隠しもしていなかった。

重い荷物に腰を曲げて運ぶ女性に対し、スペインの治安警備隊はこう言ったという。

「自分は男だけど、あんなに重いものは持てない。あれは女ではない。ラバだ、ラバ女だ」

雄のロバと雌のウマの交雑種であるラバは、古くから荷物の運搬に用いられる家畜だ。モロッコでは現在も、荷運び用として国内各地で使われている。また、ラバは麻薬などの運び屋を意味する隠語

写真2-1◆
梱を担ぐ運び屋の女性。後ろには梱や段ボール箱もある。メリリャにて撮影。

として使われることもある。クリント・イーストウッド監督・主演の映画『運び屋』(二〇一八年、アメリカ)も、原題はラバを意味する *The Mule* だ。

運び屋がモロッコ国内外のメディアで取り上げられるときも、この「ラバ女」という言葉は頻繁に使われている。運び屋は「現代の奴隷」だと見なされることも多く、家畜に喩えた呼び名はその非人道的な様相を強調する役割を果たしている。

しかし、「密輸」が始まった一九九〇年代当初、この営みは現在のように悲惨さの象徴としては扱われていなかった。多くの国境地帯でしばしば見られるように、国境を渡って手に入れた商品を自分で販売するという、住民の日常に溶け込んだものだったのだ。それがなぜ、人権問題が取りざたされるようなものに発展していったのだろうか。

本書では、三〇年もの間行われてきた「密

輸」を、その特徴から①「密輸」が始まり、容認されて行われていた一九九〇年代から二〇一七年ごろまでの黙認・容認期、②スペイン、モロッコの当局が介入するようになった二〇一七年ごろから二〇一九年十月までの管理期、③モロッコが根絶を発表した二〇一九年十月以降の根絶期の三つの段階に分ける。本章では、黙認・容認期を取り上げるとともに、どのような人びとが運び屋として働いていたのか、なぜ黙認・容認されていたのかについて明らかにしていきたい。

生存的密輸

「密輸」のもととなる交易が始まったのは、一九九〇年ごろのことだと言われている。一九八六年にスペインがEUの前身となる欧州共同体（EC = European Community）に加盟したり、一九九一年にシェンゲン協定に加盟したりしていた時期である。当時の様相は密輸行為というよりは、「シャトル貿易（shuttle trade）」としてとらえるほうが的確だった。シャトル貿易とは、公式の貿易の周縁に存在する記録されない（あるいは記録が不十分な）商品の国際的取引の一形態と定義される。[1] ある国で購入したものをスーツケースや荷物に詰め、関税がかからないように他国に持ち込むというかたちであることから「スーツケース貿易（suitcase trade）」とも呼ばれており、とくにソ連崩壊後の移行経済において発展した。[2]

このようなシャトル貿易には、特例のもとで合法的に行われているものもあれば、商品を隠し持って国境を越えることで違法に行われているものもある。前者は、国境周辺の住民の生活上の便宜のための特例によるものだ。一定の金額以内であれば免税扱いとなることが多く、たとえば国際政治学者の白石昌也によるラオスとベトナムの国境地帯の調査によれば、国境を接するラオス・セポーン郡とベトナム・フォンホア県の住民に対しては、一人一日あたり二〇〇万ドンまでの持ち込みを無税としているという[3]。一方、商品の種類によって特例が定められている場合もあり、十六世紀のフランス・サヴォワとスイス・ジュネーヴの国境地帯では、穀物やワイン、食肉、魚、果物といった生活必需品を免税で輸入する権利が認められていた[4]。

後者は、いわゆる密輸行為を指す。ポスト共産主義の東欧の文脈では、宝石や金を洋服の下に詰め、目立たないようにして持ち運ぶというかたちで行われており、見つかると当局に賄賂を渡すなどしていた[5]。また、イランとイラクの国境地帯では、コルバル（*Kolbar*）と呼ばれる運び屋が、イラクから経済制裁下のイランに家電や日用品を運んでいる。コルバルは背中に担いだりラバに引かせたりというふうにして運んでおり、当局に見つかると射殺されるケースもある。

セウタとモロッコの国境地帯の「密輸」は、合法と違法のいずれからも外れるかたちで行われていた。査証免除の対象となるフニデクの住民がセウタに赴き、セウタのスーパーマーケットなどで購入した商品をフニデクに持ち帰る。そしてそれを、自身や知人の商店などで販売するというものだ。

モロッコの国内法では、徒歩でモロッコに持ち込む際の荷物は、その重量にかかわらず「個人の手荷物」と見なされる。これはあくまでフニデクの住民の生活上の便宜のためのものであり、商業輸入は想定されていない。しかしフニデクの住民は、「セウタで購入した『自分用のお土産』を持ち帰る」という建前で商品を運ぶことで、本来課せられる二〇パーセントの関税を逃れながら、事実上の商業輸入を行っていた。

前章ではセウタとモロッコの国境地帯の特徴として、セウタと隣接した都市に住むモロッコ人がセウタに入国する際の査証を免除されていたこと、セウタで税制優遇措置が取られていること、商業用税関が設置されていなかったことの三点を挙げた。そのような特例が、脱法的な運搬を促していたのだ。

当時のこの営みは、フニデクの住民が自身の生活の糧を得るために行っていたものとして、アラビア語では「生存的密輸（*tahrīb ma'yishī*）」と呼ばれ、違法行為とされる麻薬などの密輸とは区別されていた。つまり、商業輸入が許されていない場所で関税を支払わずに商業輸入を行っているという点では合法的と言えないものの、しかし同時に建前を使うことで、法の穴を突きながら隠しもせずに堂々と行っていたのだ。

もちろんモロッコの当局も、フニデクの住民が転売目的で商品を運び込んでいたことに気づいていないわけはない。それでも、黙認・容認の姿勢を貫いていた。

民族的マイノリティの生存戦略

なぜこの国境地帯で「生存的密輸」が行われるようになったのだろうか。これまで述べてきたように、この国境地帯に「密輸」を容易に行えるような環境が整っていたことが最も大きな理由の一つであることには、疑う余地がない。

一方、ほかにも着目すべき点がある。それは、モロッコ側の都市フニデクのあるリーフ地方には、モロッコにおける民族的マイノリティであるベルベル人が多く居住していることだ。モロッコ国内で貧しいとされる地域は、このリーフ地方のほか、メリリャと国境を接するナドールのあるオリエンタル地方など、その多くがベルベル人の住む地域だ。

ベルベル人とは、北アフリカに古くから住んでいる先住民族を指す。ベルベルという呼称の語源となったのは、「野蛮な」「わけのわからない言葉を話す者」を意味するギリシャ語の「バルバロイ」だ。これは先住民族に対する蔑称であったことから、当事者はベルベル人という言葉を使わず、ベルベル語で自由を意味する「アマジグ（*Amazigh*）」と自称している。

現在は、モロッコの人口の三〜五割がベルベル人とされている。モロッコにおけるベルベル人比率は、アルジェリアなどベルベル人が居住するほかの北アフリカ地域と比べても高く、混血も進んでいる。二〇一一年の憲法改正では、これまでのアラビア語に加えてベルベル語もモロッコの公用語として認められた。

一方で、とくに「生存的密輸」が行われていた一九九〇年代は、ベルベル人は社会的にも政治的にも周辺化された存在だった。前国王のハサン二世は一九八〇年代、ベルベル人を「未開人で窃盗団（savages and *thieves*）」とさえ言及している。[6] 白谷望はベルベル人に関して、「保護領期にはフランス当局によって、そして独立後には国王によって、時代状況に応じて統治する側が積極的に利用したいと願う存在であった」[7] と指摘している。

ハサン二世前国王の時代は、タンジェやテトゥアンといった北部地域には何もありませんでした。そのため、ハサン二世は密輸や移民、ハシシ［大麻］といった問題を、「アンダーコントロール」で許可していました。社会的平和のためです。ムハンマド六世国王になってから、ようやく北部のインフラや港湾、ホテルといった観光の基盤が整備されるようになりました。

モロッコ北部の人権問題を扱う北部人権観測所（ＯＮＤＨ＝Observatoire du Nord des Droits de l'Homme）のムハンマド・ベン・アイサ代表は、そう説明する。ONDHは移民や運び屋など、モロッコ北部における人権問題に関する提言を行っている団体だ。二〇二〇年二月、ベン・アイサ氏はフニデクにほど近い町にあるONDHの事務所で、インタビューに応じてくれた。

モロッコ独立後の一九六一年に即位し、一九九九年に崩御した前国王のハサン二世は、西サハラ問題といった領土問題に注力していたが、国内の貧困や開発、人権問題には無関心だとされていた。ライア・ソト・ベルマントはスペイン領メリリャとモロッコの国境地帯についての論文の中で、「リーフ〔地方〕は生存のために常に外部とのコネクションに頼ってきた」(8)と指摘している。ここでの外部とは、外国のことだ。開発の遅れた北部地域で「生存的密輸」が発展したことは、民族的マイノリティであるベルベル人にとっての生存戦略として機能していたと考えられる。

地中海の要衝として栄え、自由港の地位をもっていたセウタには、諸外国からの商品が多く集まっていた。そのため、当時は「生存的密輸」によって食料品や衣料品といったものから、電化製品やトルコ製のプレタポルテ、イスラーム教では禁忌とされているアルコール飲料といった比較的高価なものまで、多様な商品がモロッコに運び込まれていたという。それは「生存的密輸」に従事する人びとだけでなく、周辺に住む人びととの生活をも潤すことにつながっていた。

組織化された「密輸」

パトロンの参入

「生存的密輸」は、地域住民によって営まれていたものだ。それは、次第にその様相を変えていくことととなる。ことととなる。いつからかははっきりしないものの、次第にパトロンと呼ばれる密輸業者が参入するようになったのだ。それまでの「生存的密輸」では、フニデクの住民が商品を運んで販売するという一連の流れをいわば手弁当で行っていたが、パトロンは運び屋を大量に雇って商品を運ばせるようになった。運び屋は、運搬という労働力を提供する代わりに報酬を得ていた。

調査ではパトロンの詳細について迫ることはできなかったが、複数の運び屋の話を総合すれば、いわゆる元締めのような存在のようだった。パトロンは麻薬などの密輸ネットワークをもった富裕層のモロッコ人あるいは外国人で、マフィアとも言われている。

メリリャとナドールの国境地帯で行われている「密輸」に焦点を当てたライア・ソト・ベルマントは、パトロンが「密輸」に参入するようになった背景として、移民規制の厳格化のため国境にフェンスが建設されたことを挙げている。それに伴って国境地帯までの公共バスが廃止されたり、かつて複数あった周辺住民のための通路が閉鎖されたり、そして国境における管理が厳しくなったりしたことで、経済資本や公的な書類などが必要になった。そうして「普通の人びと（ordinary people）」が「密輸」を続けることが難しくなったことが、パトロンの参入を引き起こした要因だという(9)。ソト・ベルマントの指摘はメリリャに関するものだが、同様にフェンスが建設され、国境管理が厳格化されているセウタにもあてはまるものだと考えられる。

パトロンの参入により、「密輸」はその規模が拡大していった。それまで「生存的密輸」をなりわいとしていたのは、セウタで商品を仕入れるためのある程度の資金があり、そして仕入れた商品をモロッコ側で売ることができる販路をもつ人びとが主だった。しかし、パトロンが入ってからは、ただ商品を運ぶだけの「運び屋」が生まれた。パトロンという存在のもと、運び屋という仕事が生まれ、国境の両側の卸売業者と小売業者がつながる。パトロンは「密輸」を分業化し、かつ組織化したと言える。

運び屋として働いていたムハンマドは、次のように語る。

パトロンから預かったお金で、［「密輸」する］商品の代金を支払っています。自分だけでやれば一〇〇〇ディルハム稼げるところでも、パトロンを介すと抜かれて五〇〇ディルハムしか取り分がありません。でも、一人でやると商品代から全部自分で工面しなければならないから、それはちょっとハードルが高いんです[10]。

ムハンマドの言うように、パトロンが運び屋に金銭を預け、運び屋が卸売業者に商品の代金を支払っているという。実際にはそれだけでなく、運び屋が代金を支払わずに卸売業者から商品を得ている場合も多く見られた。その場合、パトロン側があらかじめ発注した商品を、取りに来た運び屋に運ばせていたという。

図2-1◆「密輸」アクターの相関図

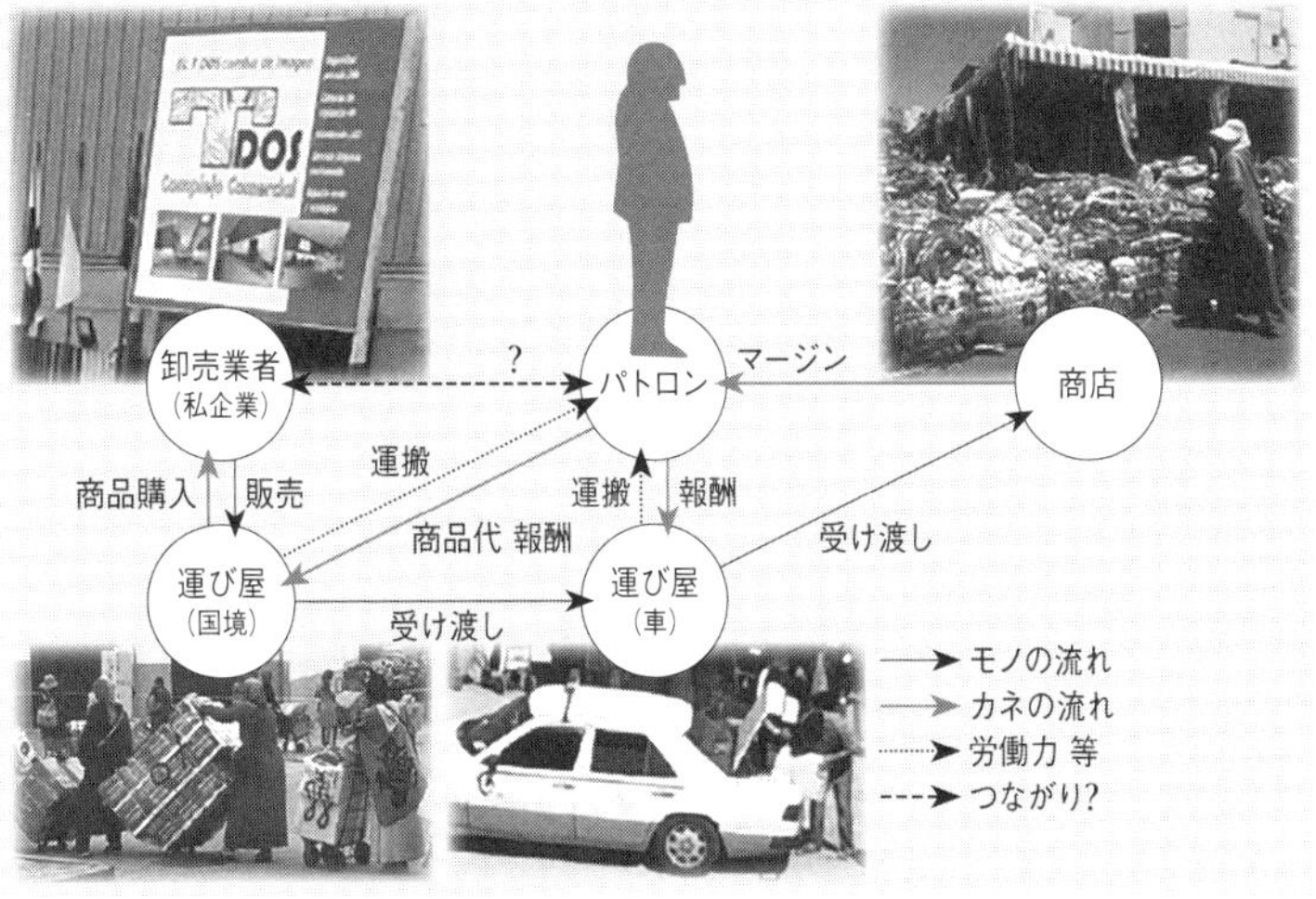

出所：著者作成。

運び屋には、仕入れのための資金も、商品を売るための販路も必要ない。求められたのは、ただ「査証免除の対象であり、越境できること」だけだった。

商品の仕入れ先も、セウタ市内のスーパーマーケット以外の選択肢ができていた。国境のセウタ側には、一九九〇年代に建設された「ポリゴノ（Polígono）」と呼ばれる倉庫街がある。この一帯には大きな倉庫が立ち並び、平日は人でごった返す。ポリゴノには、セウタやフニデクの小規模業者から、カサブランカやタンジェ、マドリード、バルセロナ、ブリュッセル、上海の大規模業者までさまざまな地域の卸売業者が並び、食料品や衣料品、酒、電化製品、雑貨などを取り扱っていた。最盛期には、店舗の数は八〇〇ほどだったと言われている。市内中心部にあるスーパーマーケットに対し、ポリゴノ倉庫街は国境からほど近く、多くの「密輸」品の仕入れ先となった。

運び屋の一日

パトロンによって組織化された「密輸」は、どのように行われていたのだろうか。ここで複数の運び屋の語りから二〇〇〇年代ごろの「運び屋の一日」を再構成し、「密輸」の一連の流れを見ていきたい。

運び屋はセウタへの査証免除を利用して、国境が開く朝一番にセウタに渡る。なるべく早い時間に越境するため、前日の午後一〇時ごろから国境に並び、そこで夜を明かす運び屋も多い。国境には雨や日差しを遮ることのできる屋根やトイレはなく、運び屋は着の身着のままで野宿をしている。

> セウタに入るのに、長い行列ができていました。そのため私はいつも前日の夜から家を出て、国境のそばで野宿をしていました。今、心臓の病気を患っているのは、このときのストレスが原因だと医者に言われました。

運び屋の一人、ファーティマはそう振り返る。

こうして午前六時から七時ごろの開門を待ちセウタに渡ると、運び屋はポリゴノに赴き、卸売業者でモロッコに「密輸」する商品を手に入れる。なじみの卸売業者があることがほとんどで、一目散にそこをめざす。

卸売業者の店舗では、すでに商品が五〇～一〇〇キロほどの重さの梱にまとめられている。そこには「担がせ屋」とも言える男性も存在し、商品の梱を運び屋の背中に載せるのを手伝っている。

写真2-2◆
高台から見下ろした倉庫街のポリゴノ

運び屋は商品を担ぎ、手にも持てるだけ持つと、ふたたび国境を渡ってモロッコ側に戻る。そしてそこで待ち受けている男性に商品を受け渡し、運んだ商品の価値と量に応じて報酬を得る。待ち時間を含めればこの一連の流れだけでも一〜三時間かかるが、それを時間の許す限り繰り返すのだ。

少し長くなるが、ここで運び屋の利用する国境の通路について述べたい。

運び屋は、国境の一般通路を通って商品を運んでいた。運び屋や周辺住民だけでなく、観光客やその他の人びとも利用する正規の通路だ。「密輸」がなされる日中には、国境付近には大荷物を持った運び屋が押し寄せ、混沌を生み出していた。

また、二〇〇四年までは「ベンズ（*Benzú*）」と呼ばれる歩行者用の通路も使われていたという。ベンスはセウタの北西部に位置する通路で、モロッコ側のベルユネシュという町と接している。この通路は、運び屋のほかセウタに越境通学する学生など、周辺住民が利用していた。

このような周辺住民のための通路は、ほかの国境地帯でもしばしば見られるものだ。ウガンダとルワンダの国境地帯でフィールドワークを行ったネルソン・アルサラは、そこにスワヒリ語で「ネズミの道（rat route）」を意味する「パニャ（*panya*）」という通路があると述べている。パニャは特定の地域の住民が日々の営みのために国境を越える際に、監視されることなく通過できる通路であり、国境の当局から黙認されているという[11]。このような通路は、商品や違法な品物の運搬に使われることもたびたびあり、近隣住民がインフォーマルな越境貿易に従事することを容易にしている。

セウタのこのベンスという通路は、「安全上の理由」により二〇〇四年に閉鎖された。これは、移民の「非正規」の越境を阻むためだとされている[12]。私もベンスの通路付近を訪れたことがあるが、当局に見つかり離れるよう指示されたため、近づくことはできなかった。

その代わりに、「ビウツ（*Biutz*）」と呼ばれる新たな通路が二〇〇五年に開通した。ビウツは卸売業者の並ぶ倉庫街のポリゴノとモロッコ側を結ぶ歩行者専用の非公式の通路だった。利用するのはもちろん運び屋だ。ビウツは月曜から木曜の午前八時ごろから午後一時ごろまで開門しており、運び屋は時間内はビウツを通って、時間外は一般通路を通っていたという。

一般通路を通った場合はモロッコ側のタクシーが連なる一角で、あるいはビウツを通った場合はビウツからつながる丘の上のパーキングと呼ばれる広い駐車場で、運び屋は受け取り役の男性に商品を受け渡していた。モロッコ側で商品を受け取った男性は、それを車に載せ、各地のスークに運ぶ。使われる車は乗用車や軽トラックのほか、長距離を移動する乗合タクシーも見られる。それは、盗難車の場合もあるとも言われている。

一方、パトロンの参入後も、「生存的密輸」を続けるかたちで運搬から販売までを自身で行い続けている人びとも少なくなかった。この場合は、先述のムハンマドが語るように、商品を購入するためのある程度の資金が必要だ。さらに、もし「密輸」した商品が売れ残った場合、その分の損失を被るというリスクがある。

パトロンのもとで運び屋として働けば、取り分が減る代わりに、仕入れのための資金が不要になる。運ぶことのみが自身の仕事となるので、たとえ自分が運んだ商品が売れ残ったとしても、ペナルティが課されることもない。その意味でパトロンによる分業化・組織化は、資金やネットワークのない人びとにも門戸を開いたと言い換えることができよう。

国内移動を引き起こす欧州との接点

こうして発展した「密輸」は、国内の人びとを惹きつけるようにもなった。一九九四年から二〇一四年までの二〇年間で、フニデクの人口は一一・六パーセントになり、フニデクから二〇キロほど南にあるテトゥアンでは三七・五パーセント増加した[13]。テトゥアンもまた、住民が査証免除の対象となる町だ。この背景には、「フニデクに行けば〔『密輸』で〕金が稼げる」といった言説が広まったことがある。「密輸」の運び屋になるため、フニデクやテトゥアンといった査証免除の対象となる国境地帯に引っ越してくる人びとが増加したのだ。

査証免除の対象となるためには、身分証やパスポートの住所地に、対象地域であるフニデクやテトゥアンと記載されることが求められる。そのための手段としては、対象地域に住所登録をするか、対象地域の出身者との婚姻が挙げられる。また、住所地を偽造した身分証やパスポートが売られていたこともあったという。

「密輸」に関わっていた五十代男性のアブドゥリッラーは、十九歳のときにウアザンという農村部からフニデクに引っ越してきた。彼は、その理由をこう語る。


生まれたのはウアザンという町です。観光地のシェフシャウエンに近いところですが、とにかく貧しいところでまったく仕事がありませんでした。だから高校を卒業した後、フニデクに引っ越してきました。フニデクには国境がある。だから、稼げると思いました。


アブドゥリッラーが生まれたころは、とくに農村部では出生を届け出るシステムが十分に機能しておらず、誕生日のわからない人も多くいるような時代だった。彼もその一人で、パスポートには一月一日という便宜上の誕生日が記載されていた。彼はフニデクに住所登録をした後は、査証免除を利用して日々セウタに渡り、倉庫街のポリゴノで車両整理の仕事をしていたという。

アブドゥリッラーの事例は、農村から都市へという典型的な移住パターンと言える。彼は低賃金である農村から都市に移住したものの、都市における雇用機会を得られなかったため、インフォーマル経済に吸収されたのだ。

一方、興味深いのは、アブドゥリッラーのような農村や砂漠地帯といった貧しい地域からだけでなく、フニデクよりも豊かなカサブランカやフェズといった大都市から移住してくる人びとも少なくないことだ。

四十代女性のトゥーリアはモロッコ一の商業都市カサブランカの出身で、両親と姉、七歳の娘をカサブランカに残し、フニデクで一人暮らしをしている。セウタ出身のモロッコ人の男性と離婚した後、生活費や子どもの学費を稼ぐために「密輸」の運び屋を始めた。

離婚した後、仕事を探したけれど、カサブランカではまったく見つかりませんでした。フランス語も話せないし、子どもの学費も払えるような収入は得られません。でも、国境では稼げるって聞いたから。それで運び屋の仕事を始めました。

「密輸」の運び屋をするのに、言語能力や特別なスキルといった人的資本は必要ない。かつて行われていた「生存的密輸」で必要とされていたような商品を購入するための資本やモロッコで販売するためのネットワークも不要であり、運び屋に求められるのは査証免除の対象であることだけだ。そのため、運び屋の仕事は、トゥーリアのように十分な教育を受けていないため語学ができず、大都市で仕事が見つけられない人びとも吸収していた。

移民というと通常、貧しい地域から豊かな地域への移動が想像される。モロッコではこのように大都市から地方都市という移動も起こっていたが、それは珍しいことではなかった。大都市から地方都市だけでなく、地方都市から村への移動も見られた。

たとえばモロッコ中部の砂漠地帯に、ミブラデンという村がある。人口三〇〇〇人ほどの小さな村だが、かつて鉱山があったため、一九五一年から一九七五年までフランスの炭鉱企業が進出していた。[14] 炭鉱企業は無料の水道・電気付きの家を提供しており、村外から仕事を探して移住する人びともいたという。[15]

大都市から地方都市へ、地方都市から村へといった「逆」の移動が起こる要因は、欧州との接点の存在だと考えられる。ミブラデンにおけるフランスの炭鉱企業、フニデクにおけるスペインとの国境は、ときにモロッコの都市部よりも人びとを惹きつける。とりわけ職務経験や技能がない場合は、都市部であっても高収入を得ることは難しいが、欧州との接点で単純労働者として雇用される場合は、国内のインフォーマル経済の仕事をするよりも収入が高くなりやすいのだ。

運び屋とは誰か

運び屋のプロフィール

このように、フニデクに暮らす人びとだけでなく、国内各地から集まった人びとが運び屋として働いていた。それでは、運び屋として働くのはどのような人びとなのか。

運び屋は、三十五歳から六十歳の貧困層の女性が中心だと言われている。その多くが離婚や死別により配偶者を失っているか、配偶者が失業していて働くことができなかったり、病気を抱えた家族の治療費を払っていたりする場合もある。イスラーム社会のモロッコでは多産が推奨されており、子どもが複数人いることも多い。運び屋の女性たちは家計の担い手として、生活費や子どもの学費、家族や自身の治療費などの費用を稼ぐことが求められている。

序章では、貧困が女性の問題として分析された際、アメリカでは世帯主が女性である貧困家庭が増加していたことを指摘した。運び屋として働く女性たちも、世帯主であったり、そうでなくても事実上世帯主としての役割を果たしたりしている。しかし、これまでの議論からも明らかなように、十分な教育を受けていない女性にとって、家族を養えるほどの仕事を見つけるのは容易ではない。

そのような状況下でも一定の金額を稼げるのが、運び屋という仕事だった。運び屋は女性がほとんどだが、一部男性もいる。ソト・ベルマントは、「[運び屋の]仕事は死別や離婚を経験した女性や老人男性、身体障がい者にとっての生存のための最後の手段として見られる」[16]と述べる。この指摘のように、運び屋の二〇～三〇パーセントを占める男性には、身体障がい者や視覚障がい者も少なくない。

女性であれ男性であれ運び屋として働く人びとの多くは、フォーマルな労働市場からの排除を経験している。モロッコ高等計画委員会（統計局）の統計によれば、モロッコの二〇一九年の失業率は全国レベルで九・二パーセントだった。一方、カテゴリー別にみれば、都市部は一二・九パーセント、女性は一三・五パーセント、学位保持者は一五・七パーセント、十五歳から二十四歳までの若年層では二四・九パーセントにのぼっている。[17]失業者の多くがインフォーマル経済の仕事をすることを余儀なくされており、モロッコでは近年、インフォーマル経済が非農業分野の四〇パーセント以上を占めていると推計されている。

「密輸」の運び屋も、そのような失業者の行きつく先の一つだった。人的資本が乏しく、そもそもフォーマルな労働市場にアクセスできない女性、そして身体・視覚障がい者などフォーマルな労働市場から排除された男性が、運び屋として働いていたのだ。先ほど述べたとおり、もとよりフニデクに住む人びとだけでなく、他都市で仕事が見つからない人びとも集まってくるほどだった。

ここで一つの疑問が生じる。運び屋が五〇～一〇〇キロとも言われる荷物を運んでいることは、これまで述べたとおりだ。しかし、モロッコの「密輸」の運び屋は、男女ともにフォーマルな労働市場からの排除を経験しているものの、大多数を女性が占めている。重労働に従事する人びとの多くが女性だというのは、どのような理由があるのだろうか。

　スペイン南部に事務所を置き、国境地帯の人権問題にも取り組む「アンダルシアの人権アソシエーション（APDHA＝Asociación Pro Derechos Humanos de Andalucía）」は、「密輸」に関する報告書の中で、最大一〇〇キロの荷物を背負う運び屋が主に女性であることについて「論理的ではないように思われる（no parecería lógico）」と指摘したうえで、その理由を社会的、経済的、文化的条件によるものと考察している[18]。たとえばサブサハラ・アフリカでは、重労働である家庭用の水汲み労働の約七一パーセントを女性が負担しており、これは水汲み労働がジェンダー化された家事労働の延長に位置づけられているという文化的条件によるものだ[19]。日本でも、重労働と言えば男性がするものというイメージがありながら、看護師や介護職といった重労働は女性が多数を占めている。これらは、ケア労働の延長に位置づけられているからだ。運び屋の仕事は家事労働やケア労働などととらえられるものではないため、また別の条件が存在すると考えられる。

　運び屋の仕事を性別という観点から見るとき、スーツケースなどに商品を詰めて運ぶ「スーツケース貿易」においては、女性の優位性が指摘されている。ミリヤナ・モロクワシチは東欧の文脈において、その優位性の理由は、女性が人目を引くことを防ぎやすく、役人も女性に対してはより寛容だと信じられているためだと指摘する[20]。モロッコでも女性は男性よりも信頼されやすい傾向があり[21]、セウタとの国境地帯でも男性が麻薬や金といった違法なものを運んでいると疑われやすいのに比べ、女性は疑われにくいという。

女性が運び屋の大多数を占めることのいちばんの理由は、やはり女性の選択肢が限定されているということに尽きると思われる。

モロッコにおけるシングルマザー

イスラーム社会のモロッコでは、男性が仕事をして稼ぎ、女性が家庭を守るという父権的なジェンダー規範が強い。若い世代や都市部では欧州の影響を受けて比較的リベラルな価値観が広がり、仕事をする女性も増えているものの、とくに地方では「女性は家事をし、教養を深める必要はない」という考えが根強く残っている。家庭内で家事負担が女児に結びつけられていたり、教育機会において女児より男児が優先されたりするほか、とくに地方において適切な教育機会がないことが、女性を教育から排除している[22]。それを如実に示すのが、モロッコにおける非識字率の推移だ。

モロッコ高等計画委員会（統計局）によると、二〇一四年の非識字率は男性が二二・二パーセントだったのに対し、女性は四二・一パーセントだった。また、女性でも都市部の非識字率の三一パーセントに対し、農村部では六〇・一パーセントが非識字の状態にあるとされている[23]。年齢別の統計はないものの、教育水準の高まりにより若年層の非識字率が低下していることを考慮すると、運び屋の多い三十五〜六十歳という世代の非識字率はより高くなることが推測される。

モハー・エンナジーはモロッコの女性にとっての支障として、非識字に加えて教育・情報の不足、技術的・職業的訓練の欠如、利用可能な資源の乏しさ、ローン利用の困難さ、公的生活への参加の少なさ、政策領域・政策決定への参加の少なさあるいは欠如、不利な法的地位、女性組織や団体の能力不足といった要因を挙げている[24]。「女性は家庭」という価値観や、そのようなジェンダー規範に基づく識字能力の欠如は、女性がフォーマルな労働市場から疎外される要因となっているのだ。

一方、モロッコでもフェミニズム運動の高まりにより、「女性の社会進出」が進んでいく。一九九九年に即位したムハンマド六世国王は、個人身分法の改革、女性の国家の経済発展への包摂、女性の聖職者の組織化といった、女性の権利に関する三つの進歩を果たしたとされている[25]。とくに、二〇〇四年の個人身分法の改革では、それまでの個人身分法が家族法という名称に改められ、あらゆる分野における男女平等を実現するため女性の権利が強化された[26]。

ムハンマド六世国王は同年二月、この改正について「ムダッワナ［家族法］の改革は、女性に重くのしかかる不安を取り除き、子どもの権利を守り、人間の尊厳を守ることとの関心に基づいています」とスピーチし、女性の人権を重視する姿勢をアピールしている[27]。

新家族法では、シャリーア（イスラーム法）に基づく旧法のもとでは男性からしか言い出すことのできなかった離婚を、女性からも言うことが可能になった。同時に、女性の離婚後の地位を向上させたとされている。家父長制の残る社会において、女性が自ら離婚を選べるようになったことは、ただ被抑圧者であることから抜け出し、主体性を奪還することにつながる大きな一歩だ。

しかし実際のところ、いまだそれが浸透したとは言えない。この改正が地方において熟知されていなかったり、保守的な男性裁判官の多くが新家族法の履行に反対していたりする現状があり、女性の権利行使が妨害されている[28]。とはいえ、女性の離婚へのアクセスがある程度向上したことは確かであり、法改正後には離婚件数も増加し、それに伴ってシングルマザーの数も増加した。

インタビューに応じてくれたトゥーリアも、離婚を言い出した一人だった。先に紹介したが、トゥーリアは四十代の女性で、七歳の一人娘がいる。娘をカサブランカの両親のもとに預け、運び屋とし

図2-2◆非識字率の推移[%]

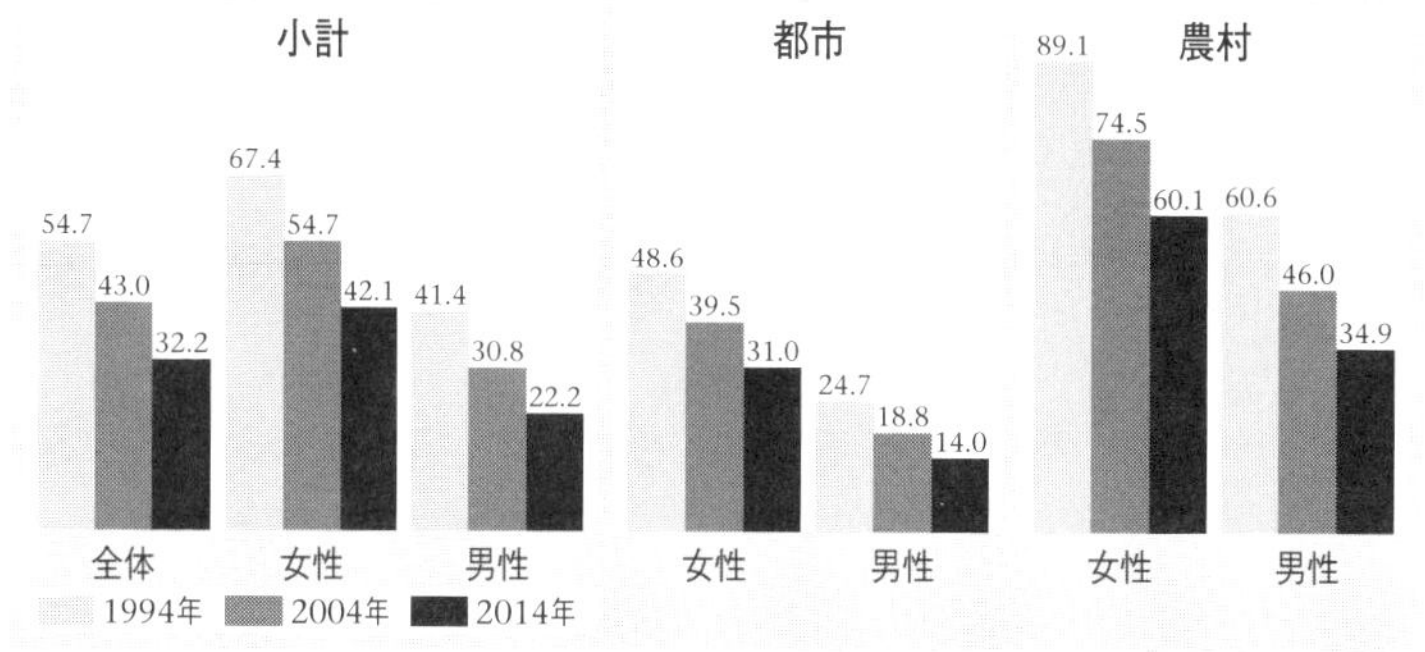

出所:HCP(2018)をもとに著者訳。

て働くためフニデクで一人暮らしをしていた。彼女が離婚した理由は、かつての配偶者の大麻だった。元配偶者は大麻ばかり吸う人で、娘の出産のタイミングも大麻で捕まって刑務所で過ごしていたという。

あの人は刑務所を出てからも、ずっと働かずに寝てばかりでした。まったく何もしないのです。それで嫌気がさして離婚しました。今、私は一人になって、自由です。本当に幸せです。

もし彼女がそのような状況でも離婚できなかったとしたら。晴れ晴れとした表情を浮かべるトゥーリアの前で、私はふとそんな想像をしてしまった。

社会学者のトゥーリア・フーサムは、子どもがいる場合の離婚後の生活の困難を和らげるための重要な要因として、仕事と家族の支援の有無を挙げている(29)。とくに仕事があれば、女性は経済的に自立することができ、子どもの養育も可能になるからだ。

しかし、もちろんすべての女性がフォーマル経済の労働市場で職を見つけることができるわけではない。とくに運び屋の女性たちの多くは、正則アラビア語やフランス語といったモロッコ社会で求められる言語が話せなかったり、教育や職業経験などが足りず、人的資本が不足していたりする。そのため、ある程度の収入が得られるようなフォーマル経済の職へのアクセスはほとんど不可能だとも言える。運び屋のトゥーリアも、ほかの仕事はまったく見つけられなかった。

一方、国内のインフォーマル経済のうち女性が参入しやすい家政婦や掃除人といった仕事では、家族を養うのに十分なほど稼ぐことはできない。そのため、離婚により困窮した女性たちのなかには、高収入を求めて売春をする人びともいるという。

運び屋を選ぶのも、そのような女性たち、つまりフォーマルな労働市場にアクセスできないものの、ジェンダー化されたインフォーマル経済の仕事では十分な収入を得られない人びとだ。彼女たちが揃って口にするのが、「お金が稼げるから」「ほかの仕事では子どもを育てられないから」という言葉だ。運び屋は参入障壁の低さの割に、欧州との接点を活かして国内で働くよりも高い収入が得られる。彼女たちにとって、同じ高収入でもイスラーム教で重罪とされる売春をするよりは、現実的な選択肢と言えるのだ。このような背景から、重労働であるものの、参入障壁の低い運び屋の仕事に女性が水路づけられていたと言える。

構造化された自発性

運び屋の女性たちは、腰を折り曲げて重い荷物を運ぶことから「ラバ女」とも呼ばれてきた。女性が家畜のように荷物を運んでいる様子は非人道的だとして、運び屋を「現代の奴隷」とする論調も多い。奴隷なのか、労働なのか。このテーマに関しては、ジェンダー研究における女性の性産業従事者をめぐる議論の蓄積があるので、これを援用して考察していきたい。

ジェンダー研究においては長い間、女性の売春は家父長制と資本主義のもとで女性たちが二重に下位化され、ほかの選択肢が奪われた結果であることから奴隷制として扱われるべきだという主張と、ほかに財政基盤をもたないような女性たちにとって合理的・実際的な選択肢であることから正当な労働として見なされるべきだという主張に分かれてきた(30)。

ミリヤナ・モロクワシチはこのような二元論を移民研究に応用し、移動する人びとが「移動する主体（nomadic subject）」である場合と、「移動させられる客体（nomadic object）」である場合があることを指摘している(31)。前者は移動できる状態にあること、つまりモビリティが女性本人にとっての資源となるものであり、移動を続けることがキャリアアップなどエンパワメントにつながるケースを指す。一方、後者はヒエラルキーをはじめとする社会構造により、女性がモノとして移動させられるものだ。これは人身売買や性産業に従事させられるために、モビリティが他者から利用されるケースを指す。この分類により、モビリティを移動の自由としてとらえられる人びとと、強制された経験をもつ人びとを区別することが可能になった。

それでは、運び屋をどのように理解すべきだろうか。前提として、運び屋に従事することが人身売買や強制の結果であるという事実は浮かび上がらなかった。とくにモロッコの地方は地縁社会であることも多く、数人の知人・友人を介せばあらゆる人と知り合うことができる。そのような紹介の紹介を経て、本人の意思に基づいて運び屋の仕事を始めた人びとが大半だ。

一方、運び屋の語りからは、「ほかに選択肢がない」という声が頻繁に聞かれた。

夫とは離婚して、今は四人の子どもたちと暮らしています。運び屋の仕事をはじめたのは……フニデクではこれしかなかったのです。特に離婚してからは、一人で子どもたちを養える仕事はほかにありません。[32]

もともとメクネス［モロッコ中部の古都］で暮らしていましたが、離婚して仕事を探すためにフニデクに来ました。メクネスでは仕事がなかったからです。運び屋をはじめたのは五年前。これしかありませんでした。[33]

モロッコで仕事を見つけられない女性のなかには、売春婦や物乞いになる人びともいる。とくに国境地帯では、モロッコからセウタに渡り、セウタで売春をする女性もいた。スペイン人を相手にするほうが、手に入る金が増えるからだ。それでも、イスラーム社会のモロッコにおいて、売春や物乞いというのは本当の意味での最終手段としてとらえられていた。[34]

性産業従事者をめぐる議論をふまえて考えると、このような状況下で運び屋の仕事を始めた人びとは、限られた選択肢のなかで幾分か、合理的な選択をしたととらえることもできる。そのことを考えれば、運び屋がすなわち奴隷だと言い切ることはできず、自分の意思に基づいて選んだものと見なされるだろう。

しかし、ここで考慮したいのは、彼女たちの「自分の意思に基づく選択」の背景にどのような構造があり、どのような力が働いているのかという点だ。

運び屋の場合、「女性は家の中」という古くからの家父長制に基づく価値観のもと、教育や職業経験が十分に得られなかった。「家の中」で暮らしている分には、それでも十分だったのだろう。しかし、離婚や死別などにより、男性中心的社会である「家の外」に出なければ生活ができない状況になった。「家の外」では、人的資本の乏しい女性は、たとえ仕事を見つけられてもジェンダー化された低賃金の仕事に従事することになる。しかし、それでは家族を養うことができないから、より割の良い運び屋の仕事を選んでいたのだ。

このような家父長制に基づく価値観は、モロッコやイスラーム社会に限ったものではない。程度の差こそあれ、世界中を見渡してもこの価値観から自由になった国や地域はない。二〇二三年のジェンダーギャップ指数が世界一四六カ国中一二五位の日本は言わずもがなだが、いわゆるシングルマザーの貧困率は高い。結婚や出産を機に仕事を辞めてしまい、経済的自立ができないために、そもそも離婚という選択肢を選ぶことさえできない人も多い。

「女性は家の中」という固定観念的な価値観は、資本主義社会において、女性が選ぶことができる選択肢を一つ一つ消すことができる。もしくは、たとえ別の選択肢自体が存在していたとしても、それがあることを巧妙に隠すこともできる。そうして目の前に「密輸」と売春が残り、生活のためにいずれかを選ばなければならないとして、その選択は果たして「自由意志」なのだろうか。

「密輸」は従事することによって、ほかのインフォーマル経済では得られないような高めの収入が得られるというメリットはたしかにある。しかし、このように限られた選択肢から選ぶことを運び屋の女性たち自身の意思によるものだと単純に考えることは、パトロンという搾取する側の存在や、女性の選択肢を限定した家父長制に基づく社会構造を不可視化してしまう。そのため、彼女たちが運び屋の仕事を始めたことは、あくまで差別的な構造内での限定された選択に基づくという、留保付きのものとして理解する必要がある。

なぜ容認されているのか

二国の異なる立場

セウタとモロッコの国境地帯では、麻薬や向精神薬の密輸の摘発が絶えない。とくにモロッコは大麻の一大生産地であり、セウタやメリリャといったスペインの飛び地領はモロッコから欧州に大麻が流れ込む拠点として管理が強化されている。一方、運び屋が食料品や日用品を運ぶ「密輸」は通常モロッコへの商業輸入にかかる二〇パーセントの関税を逃れているにもかかわらず、違法な密輸とは区別されて白昼堂々と行われている。

第一章で述べたように、「密輸」が容認されている背景には、モロッコとスペインの複雑化する二国間関係がある。一方で、両国が同じように「密輸」をまなざしているわけではない。ここでは、「密輸」を表す用語もふまえながら、モロッコとスペインがどのように「密輸」を扱っているかについて見ていく。

社会的秩序のため――モロッコ

モロッコでは、この「密輸」は関税を逃れるという点で脱法的ではあるものの、密輸行為の一種としてとらえられている。それは、政府系メディアの報道を見てもわかる。

この「密輸」を表す際には、正則アラビア語のタフリーブ（*tahrīb*）、フランス語の contrebande という、密輸を意味する語が用いられている。また、市井の人びとが会話のなかで使うのは、アラビア語モロッコ方言のトラバンド（*trabendo*）という語だ。これはスペイン語で密輸を意味する contrabando が訛ったものだ。このような用語は、麻薬や向精神薬といった違法な密輸を表す際と同じだ。そのため、とくに「密輸」を表すときは、フランス語で「生存的密輸（contrebande vivière）」や「商品の密輸（contrebande de marchandises）」と言われることもある。

モロッコは、この「密輸」が国家にとって有害であることを強調し、これまで繰り返しスペインに対して抗議してきたという[35]。一方、モロッコの関税・間接税事務局のナビル・ラフダル事務局長はこの「密輸」に関し、スペイン紙のインタビューで「何十年もの間、私たちの側にはある種の寛容さ、そして怠惰さえありました」と語っている[36]。

脱法行為でありながら、「密輸」は直接的には四万五〇〇〇人、間接的に四〇万人にとっての仕事を生み出しているとされてきた。そのため、モロッコはほかのインフォーマル経済同様、雇用機会の創出と天秤にかけたうえで、目を瞑ったり賄賂を要求したりしながら「密輸」を容認してきたのだ。

ラフダル氏の言葉から、グレーゾーンにある生計手段としての「密輸」を容認する「寛容さ」、そしてそのようにして生きる人びとに代替手段を提供できないという「怠惰」があったものだと読み取れる。そしてそれは、社会秩序の安定を維持するためには必要不可欠なものだった。そのため、とくにフニデクやナドールといった国境に近い町では、「密輸」はほとんど合法的なものとして受け止められていた[37]。

ほかの多くの国でもそうであるように、モロッコでも社会秩序の安定は非常に重要視されている。二〇一〇年末にアラブの春が巻き起こった際、リビアやエジプトといった周辺国では独裁政権が崩壊した。当時モロッコは小規模のデモこそ起こったものの、国王が迅速な対応をしたことが功を奏して影響を最小限に抑えた。(38) しかし、モロッコにとっての「春」の波は、少し遅れてやってきた。二〇一六年ごろから、貧困や失業を訴える社会運動が高まりを見せたのだ。

「遅れてきた春」「二度目の春」とも呼ばれる抗議運動の高まりは、二〇一六年秋に始まった。モロッコ北部、リーフ地方の港町アルホセイマで二〇一六年十月、現地で禁止されている流し網漁で捕ったメカジキを販売していたムフシン・フィクリという男性が、ゴミ収集車に巻き込まれて死亡した。フィクリは当局に没収された魚を取り戻そうとして、ゴミ収集車の粉砕機に登ったところ、粉砕機が作動したという。モロッコではこれを機に、社会改革を求める抗議運動が全国に広がった。この抗議運動の首謀者は、「国家の治安を脅かす陰謀を企てた」として、懲役二〇年を言い渡された。

ほかにも悲しい事件は続いた。北東部のオリエンタル地方にある旧鉱山都市ジェラダでは二〇一七年十二月、すでに閉鎖された廃坑で石炭を採掘していた兄弟が死亡した。この事故死を機に、社会・経済改革を求めるデモが断続的に行われるようになった。

デモの発端となった事件が起こったリーフ地方とオリエンタル地方。これらはいずれも国内では周辺化されているベルベル人の多い地方だ。それぞれ、スペイン領との国境を有するフニデクとナドールが属する地方でもある。

インフォーマル経済に分類される仕事をしていた人びとの死亡が社会運動に発展したという点は、チュニジアのジャスミン革命の構図と酷似している。また、「遅れてきた春」「二度目の春」を迎えたのは、モロッコだけではなかった。むしろモロッコはこれらによって国家が揺らぐことを免れられたほうで、中東・北アフリカ地域ではモロッコでのデモが収まりつつあった二〇一八年ごろから、アルジェリアやシリア、ヨルダンなどで反政府デモが広がり、二〇一九年にはスーダンやアルジェリアで長期政権の崩壊につながった。最初のアラブの春と、「遅れてきた春」を比較すると、前者は圧政・独裁政権に対する抗議であるのに対し、後者はより経済的な要因が大きいという[39]。

国王のもと、どうにか社会的秩序の安定を保とうとしてきたモロッコ。このような近隣諸国での出来事は、モロッコにとっても貧困や失業といった社会的・経済的な問題が国内の社会秩序に大きな影響を及ぼすものだと、国家にあらためて突きつけたと言えるだろう。

モロッコにとって、「密輸」はなくすべき「目の上のたんこぶ」だった。それでも数十万人という人びとの生活の糧となっており、それが一定の社会秩序の安定に寄与していたのもまた事実だ。「密輸」はモロッコ経済全体にとっても大きな役割を果たしてきたのだ[40]。

セウタの経済的利益のため――スペイン

一方、スペインからすれば、「密輸」に違法性を見出すことはできない。モロッコ人がセウタで合法的に合法な商品を購入し、それを自国に持ち帰る。たとえ商品を持ち帰る行為がモロッコでの販売を目的としたものであっても、スペインの法に触れはしないのだ。そのため、この「密輸」はスペイン語では「非典型貿易（comercio atípico）」と呼ばれている。公式の貿易とは異なるというニュアンスがありながらも、違法性を感じさせない語だ。「非典型貿易」はセウタにとって、一大産業としてとらえられてきた。

その経済効果を測ることは困難ではあるが、計量経済学を用いたある推計では、セウタの輸入品の四六パーセントがモロッコへ輸出され、その額は四億ユーロ超になると試算された[41]。また、セウタ市内のスーパーマーケットに目を向けても、人口九万人にも満たないセウタにある店舗が、人口五〇〇万人超のバルセロナをも抑え、スペイン全土で最も高い売上を実現したとも言われている。「密輸」がなくなれば、セウタはこの四億ユーロ分の収入を失うことになるのだ。このことからは、「密輸」がセウタの経済に大きな影響を及ぼしていることがうかがえる。

一方で、スペインにとって「密輸」の弊害もあった。「密輸」のために集まった大勢のモロッコ人の運び屋の姿は、セウタのイメージを悪化させることにつながっていたのだ。一般のスペイン人やモロッコ人、観光客が通過する国境に、背中に大きな荷物を担いだり、梱包された荷物を転がしたりする大勢の運び屋が日々殺到していた。制御しようとする地元当局との衝突も日常茶飯事だったという。とくに高齢の女性が腰を曲げて荷物を背負って運ぶ様子は、スペインにとって野蛮さや非人道的さそのものだった。

モロッコとの国境に広がっているこのような光景は、スペイン領であるセウタがもつべき人権重視の西欧的価値観にそぐわないものであり、セウタの観光産業にとっては大きなマイナスだった。そのため、スペインは運び屋の人権を守りながら「密輸」を継続させることをめざしていた。

「密輸」の弊害

立場の違いが生み出すもの

「密輸」と「非典型貿易」という用語が表すように、「密輸」はモロッコにとっては社会的秩序の安定のための必要悪として、スペインにとってはセウタの一大産業として、とらえ方こそ異なるものの、両国から容認されて行われてきた。モロッコは四〇万人とも言われる人びとを生かすための代替手段がないためにやむなく「密輸」を容認していた側面があったが、他方スペインにとっては、「非典型貿易」のインフォーマル経済としての問題点はモロッコの国内問題にすぎない。そのため、看過できない問題さえクリアすれば推進していけるようなものとして見られていた。

セウタでは、「密輸」に関わる問題として、自国の領域内で人権侵害が起こり、イメージが悪化するという経験をしていた。一方、社会的秩序の安定のために「密輸」を容認していたモロッコには、どのような弊害が生じていたのだろうか。

モロッコ北部の人権問題を扱う北部人権観測所（ＯＮＤＨ）のムハンマド・ベン・アイサ代表は、二〇二〇年二月に行ったインタビューで、モロッコで生じている「密輸」の弊害について①人道的問題、②経済的悪影響、③衛生的問題、④社会問題、⑤過激化の五点を指摘した。本節では、ベン・アイサ氏へのインタビューから得たこの五点をもとに、インフォーマル経済である「密輸」を容認することの弊害について見ていく。

人道的問題

まず挙げられるのが、運び屋に対する人権侵害だ。これについては本書でも繰り返し言及してきたが、運び屋がセウタに渡る際や荷物を背負ってモロッコに戻る際には、当局による暴力や性的暴行、商品の没収、賄賂の要求が横行していた。

次に紹介するのは、運び屋の語りだ。

［朝一に国境を渡るため、深夜に］国境で野宿をしているとき、モロッコ当局は私たちに暴力を振るってきたことも多くありました。そのときだけではありません。商品を背負って［国境を］渡るときもそうです。スペインの警察ではなく……暴力を振るうのは、いつもモロッコの警察や憲兵でした。（ファーティマ）

［モロッコ側に戻るために通路に］並んでいるとき……もし列からはみだしたら、ぶたれて「最後尾に行け」と言われます。話を聞いてはくれず……ぶってくるのです。そうでないときは、持っているナイフで、［荷物を担ぐときに肩紐として使う］紐を切ってきます。そしたら地面に散らばった商品をかき集め、また最後尾に回らなければなりません。それが何の慈悲もない地元警察のすることです(42)。

当局によるこのような暴力が起こる大きな要因は、公的な規制が存在しないことだ。インフォーマル経済において現場レベルで恣意的な対応がなされていることは、これまでの研究においても指摘されているとおりだ。[43] ここでもインフォーマル経済の従事者が労働者として見なされず、法的保護などの対象とならないことが、現場の当局の裁量を高め、暴力などを助長していると考えられる。

本章でも少し触れたように、一般に女性は男性に比べ、人目を引きにくく、暴力を受けにくいとされている。しかし、女性であっても暴力や賄賂の要求を受ける場合もあるほか、当局による性的暴行が横行しているというように、女性特有の人道的被害も起こっている。また、体格や体力の差から、同じ一〇〇キロの荷物を運ぶとしても、女性のほうが身体に与える悪影響が大きいだろう。

さらには、運び屋として働くことがスティグマ化され、差別の対象にもなっている。「密輸」について調べていることを二十代のモロッコ人の友人の女性に話した際、思いがけずこんな反応が返ってきた。

運び屋はたしかに大変だと思うけど、それでも自業自得だと思う。モロッコにはもっと貧しく、本当に仕事がない村もある。だけど運び屋の人たちは、自分でその仕事を選んでいるし、実際その分稼げているんだから。

このとき、彼女は「もっと貧しく、本当に仕事がない村」として、全国に飛び火したデモの発端となった旧鉱山都市ジェラダを挙げた。ジェラダで亡くなった鉱夫は、それまでも苦しい生活を送っていたことは想像に難くない。一方、「密輸」の運び屋は、比較的収入が高いというイメージがある。

このような自己責任を主張する言説は、日本でも性産業に従事する人びとなどに対してしばしば向けられているものだ。そして、「自己責任論」が唱えられるとき、きまって引き合いに出されるのが「自分で選んだ」という点なのだ。

モロッコ社会では、運び屋は売春婦と同等の社会的地位だと見なされている。そのため、家族には自分が運び屋として働いていることを隠し、セウタで家事労働者として働いていると嘘をついているケースもあるという[44]。その背景として、運び屋の女性が男性と一緒に働いていることに加え、仕事のためにあらゆる性的な便宜を図らなければならないと認識されていることがある。

実際、国境近くでは、商品を運ぶ際に「担がせ役」の男性が運び屋の女性の身体に触れたり、衣服の下に商品を隠す際に女性が衆人環視のもとジュラバを腰までまくり上げたりしている場面も見られた。もちろんジュラバの下に洋服を着てはいるが、とはいえ保守的でないはずの私でもその様子に面食らうほどだった。また、当局に売春した女性が優先的に通行させてもらえるようになるということもあったという。

経済的悪影響

モロッコにとっては、「密輸」によって商品が国内に流入することは、税制優遇がなされている飛び地との不当な競争を強いられるという点で、国内市場を損ない、自国の発展を抑えることにつながる[45]。ジェレミー・バレは、「セウタとメリリャという自由港を経由した価格に、モロッコの製造業が対抗することは不可能だ[46]」と指摘している。さらに、セウタには近年、中国製の安価な商品も多く入ってきている。

モロッコの付加価値税と関税がそれぞれ二〇パーセントであることを考えると、最大一〇パーセントの税（ＩＰＳＩ）が適用されているセウタから商品が「密輸」されることで、「密輸」品が安く市場に出回ることになる。国家に与える経済的悪影響の推測には幅があるものの、ベン・アイサ氏によれば、五億五〇〇〇万から七億ユーロの損失があるという。

衛生的問題

セウタからモロッコに運び込まれる商品には、菓子や飲料といった食料品も含まれている。とくに乳製品はモロッコでは比較的高価なため、欧州のチーズや牛乳もしばしば「密輸」の対象となる。運搬の過程で傷んだり、そもそも賞味期限が切れた状態で運ばれたりした商品も多く、モロッコでは「密輸」された食料品の流入により、食中毒や病気の危険性が懸念されている。

調査でセウタを訪れていた初夏のある日、国境近くに立つ男性の姿があった。男性の脇には、オランダ産のエダムチーズが詰まった段ボール箱が置かれている。そこにセウタからモロッコ側へ向かうモロッコ人女性が近づき、男性と言葉を交わしてチーズを受け取っていた。ある女性は鞄の中にチーズを詰め込み、別の女性は自身の服の下に隠していた。

そうして彼女たちは、国境を渡っていった。男性に話を聞いてみると、「これも『密輸』。彼女たちに運んでもらって、モロッコで売るんです」と屈託なく話しながら、段ボール片に女性の名前と電話番号を書きつけていた。

当時の気温は二八度近く。直射日光に長時間あたり、人体に密着させられて運ばれたチーズは、たとえ常温保存のものであっても腐敗の危険性が増すのではないだろうか。モロッコに「密輸」される食料品に関しては、セウタでの保管の段階においても冷蔵や衛生処理が十分になされておらず、モロッコの公衆衛生に悪影響があると指摘されている。

社会問題

ベン・アイサ氏は社会問題として、「家族の離散」を指摘する。運び屋は長時間の仕事を強いられるため、自身の子どもと過ごす時間を取ることができないのだという。先述のとおり、運び屋にはシングルマザーも多い。それにもかかわらず、午前五〜六時には家を出て、「密輸」の運び屋をしてから夕方遅くに帰宅することが多い。また、早朝に国境を渡るため、前日の夜に子どもを寝かしつけてから国境に行き、そこで野宿をするケースも少なくない。そのため、母親が子どもと一緒にいられる時間が少なくなるというのだ。

運び屋のトゥーリアの場合、「運び屋をしていると子どもの面倒を見られないから」という理由で、フニデクから四〇〇キロメートル離れたカサブランカに住む両親に七歳の娘を預け、フニデクで一人暮らしをしながら働いていた。カサブランカに帰省して娘に会うのは、数カ月に一度ほどだという。

本当は一緒に暮らしたいけれど、運び屋の仕事は朝から晩まで長時間働かなければいけません。この仕事をしていると、娘の世話をしてあげる時間がないから……。でも、ほかの仕事がないから仕方がないんです。

トゥーリアは、そう理由を話す。

これはたしかに「密輸」が生じさせた問題の一つではあるし、子どもとの時間を失うことに葛藤をもつ女性も多い。しかし、同時にジェンダー規範に基づく固定観念の表れでもある。

モロッコでは、子どもの養育の責任は母親に強く結びつけられている[47]。そのため、長時間を仕事に充てる母親は、同じことをする父親に比べて非難の対象になりやすく、そのジェンダー規範を母親である女性たち自身も内面化していることが多い。育児においては、父親の不在よりも母親の不在のほうが社会問題として取り上げられやすいのだ。これは、日本でもおなじみの光景だろう。

過激化

社会問題が深刻化すると、過激化の兆候が現れ始める。ベン・アイサ氏は、「フニデクからダーイシュに行く人が多くいます」と指摘する。

ダーイシュとは、過激派組織「イスラーム国」のことを指す。アラビア語の「イラクとシャムのイスラーム国（*Dawla al-Islamiya fi al-Iraq wa al-Sham*）」の頭文字を取った語であり、とくにアラブ諸国で「イスラーム国」に対抗する国家や人びとが、蔑称として用いている。

モロッコから「イスラーム国」に関わるシリアなどの紛争地域に渡航した人びとは一六〇〇人以上にのぼり、うち約八〇〇人が「イスラーム国」に参加したと言われている[48]。モロッコ国内の地域別の内訳は明らかではないが、フニデクは過激化が進みやすい地域として知られている。また、スペイン領セウタとメリリャでは、「イスラーム国」によるリクルートがされていたという情報もある。二〇一八年ごろは、モロッコ国内でもテロの企図に関する摘発が相次いでいた。

ベン・アイサ氏は「密輸」に関連して、暴力の連鎖が起こっていると指摘する。家庭内暴力では、配偶者からの暴力を受けた女性が、自分より弱い立場である子どもに対して暴力を振るう連鎖が見られることがある。また、そうして暴力を受けて育った子どもが大人になったとき、自らも自分よりも立場の弱い女性や子どもに暴力を振るうようになる「世代間連鎖」が起きることも少なくない。これと同じように、当局からの暴力を受けた運び屋が自分の子どもに対しても同じことを行うことで、子どもの過激化につながった事例があるという。

「『密輸』により、モロッコ側には多くの問題が生じています。モロッコにとっては、恥でもあります」

ベン・アイサ氏は、そう話す。

モロッコが「密輸」を容認していたのは、社会的秩序の安定と起こりうる弊害を天秤にかけたうえでのことだった。しかし、それによってひずみを抱えていたのは、何よりモロッコ側だったのだ。

第二章
管理するスペイン

「密輸」の問題化

相次いだ死亡事故

パトロンの参入は、「密輸」の様相を大きく変えることとなった。パトロンの参入以降、朝一番にモロッコからセウタに渡り、セウタで手に入れた商品をフニデクに持ち帰る運び屋が、国境を埋め尽くすようになったのだ。運び屋は少しでも高い報酬を手に入れるため、何度も往復してより多くの商品を運ぼうとしていた。

そのような状況で、悲劇は起こった。次に紹介するのは、スペインの日刊紙エル・パイス紙が報じたルポルタージュの一部を再構成したものだ。舞台は、セウタと同様に容認されながら「密輸」が行われていたメリリャとナドールの国境地帯だ。

二〇〇八年十一月十七日午前七時二〇分ごろ、当時四十一歳のサフィア・アジジはモロッコ・ナドールからメリリャに向かうため、「密輸」の運び屋が通るバリオ・チノ通路にいた。当時、三〇〇〇~四〇〇〇人の運び屋が集まり、各々が我先にと人を押しのけて進もうとしていた。なるべく早くナドールとメリリャを行き来し、複数回に渡って商品を運ぶことで、運び屋はより多くの報酬を得ようとしていた。

アジジはその通路で転倒した。それでも、地面に倒れた彼女に目をくれることもなく、何十人もの運び屋が彼女を踏みつけながら目的地へと急いだ。このとき、アジジのほかにも少なくとも七人が押しつぶされた。それに気づいたスペインの警官が空中に二度発砲して人混みを散らしてからアジジに近づき、到着した救急隊員もその場で心肺蘇生を行った。アジジと七人の負傷者はその後、メリリャの病院に搬送されたが、アジジは病院で死亡が確認された。死因は激しい胸部圧迫による肺出血だった(1)。

第四章で後述するが、記事内のバリオ・チノ通路とは、運び屋が通るために設けられた「密輸」の専用通路とも言えるものだ。亡くなったサフィア・アジジは、この通路を通ってメリリャに渡り、「密輸」するための商品を手に入れるはずだった。しかし、群衆に押しつぶされて命を落とした。

記事によれば、アジジはフェズの大学を卒業し、アラブ文学の学位を取得していたという。十分な教育を受けられなかったがために運び屋の仕事をする女性たちが大多数を占めるなかで、学位を持っている彼女は異例の存在だった。とはいえモロッコでは、高等教育を受けていても職が得られない場合も多く、学位保持者の失業率が高いことも社会問題となっている。女性であればなおさらだ。アジジもその一人で、缶詰工場で働くためにナドール北部の町ベニ・エンサールに引っ越してきたものの、長く続かず、運び屋の仕事を始めた。月曜から木曜は運び屋の仕事をし、週末は結婚式場などで働いていたという。

まもなく、同様の悲劇はセウタでも起こった。二〇〇九年には、セウタの倉庫街のポリゴノでの衝突により、ブシュラとゾラという二人の運び屋の女性が命を落とした。彼女たちの死因は、荷物の下敷きになったことによる窒息死だった。

運び屋は、運んだ商品の量に応じて報酬が得られる。運び屋が担いでいた荷物は最大一〇〇キロと言われているが、それ以上の重さを運んでいただろうことは否定できない。もしその重みにふらついて転倒すると、助けられる場合もあれば、ブシュラとゾラのようにその下敷きになることも、アジジのように群衆に踏みつけられることもあった。また、運ぶために荷物に引っかけ、自身の身体に結びつけていた紐がからまり、首が締まることも起こっていたという。メリリャでのアジジ、セウタでのブシュラとゾラという三人の女性の死は、運び屋という仕事の危険性を浮き彫りにするものだった。

彼女たちの死は、セウタとメリリャでそれぞれ明らかになっている初めての死亡事故だった。スペイン南部の人権団体であるＡＰＤＨＡは、死亡事故が明らかになったのはスペインの領土で起こったものだからだと指摘したうえで、運び屋へのインタビューから、実際にはそれより多くの死亡事故が起きていることを明らかにしている[2]。もちろん、運び屋をすることで負傷した人びとがさらに多くいることは、想像に難くない。

市民社会からの政策提言

このような死亡事故を受け、スペインの市民社会は声を上げ始めた。

本書でもたびたび登場しているスペインの人権団体のＡＰＤＨＡは、運び屋の問題を扱う数少ないアソシエーションの一つだ。スペイン南部のカディスに拠点を置く「欧州南部国境（Frontera Sur）」チームが、運び屋や移民といったセウタとメリリャというスペイン領と、モロッコ間の国境地帯における人権問題を扱っている。

運び屋の問題を国境における構造的暴力ととらえ、可視化することが大切です。これは、欧州の領土で起こっている問題なのです。

ちょうど欧州でも新型コロナウイルスの感染拡大が始まりかけた二〇二〇年三月上旬、私はカディスにあるＡＰＤＨＡの事務所を訪れた。インタビューに応じてくれた職員のアナ・マリア・ロサド・カロ氏は、そう力強く語った。

ＡＰＤＨＡが初めて運び屋の問題を取り上げたのは、セウタとメリリャでの運び屋の死亡事故から数年後の二〇一二年のことだった。まず、モロッコのテトゥアンで「人権デー」を開催してこのテーマについて議論し、その結果を「セウタとメリリャの国境における商品の運び屋の女性に関するテトゥアン宣言」（以下、テトゥアン宣言）にまとめた。モロッコとスペインという国境の両側から二五以上のＮＧＯやアソシエーションが署名したこのテトゥアン宣言では、運び屋の女性への人権侵害が行われていることが指摘されたうえで、政策提言として主に次の四点が挙げられた。

（一）悲劇的な状況やハラスメント、危険をなくすために、人と荷物の往来に適していない通路「ビウツ」の構造を変えること
（二）商品の運搬に関し、道具の利用を許可する可能性について検討すること
（三）暴力、暴行、虐待、賄賂、搾取、理由なき押収などといった、法の規則と矛盾する警察による暴力を終わらせるために、当局が行動を起こすこと
（四）何千人という女性が代替手段を見つけ、国境での商品の運搬という残酷で非人道的な仕事から離

れることができるようにするために、これらすべての地域の人びとと雇用について持続的な発展をめざすこと[3]

運び屋が利用する通路については第二章でも触れたが、（一）で指摘されている「人と荷物の往来に適していない通路」とはどういうことなのか。それは、それまで利用されていたビウッが四方を鉄柵で囲まれた狭い通路で、丘の中を通っていくため起伏も激しかったことを指している。重く大きな荷物を担いで運ぶ人びとにとって、それは大きな負担となる。運び屋のあいだでは、ビウッは「檻」とも呼ばれていたという。

このテトゥアン宣言をふまえて二〇一六年に発表されたのが、「モロッコとセウタ間の国境を越えて商品を運搬するモロッコ人女性たちの尊重と尊厳」という報告書だ[4]。この報告書は、スペイン語のほか、要約版が英語、フランス語、アラビア語、ドイツ語、イタリア語に翻訳されている。APDHAはスペインの議会や欧州議会に報告書を提出したほか、スペインのバルセロナやビルバオ、ドイツ、モロッコなどでプレゼンテーションを行い、啓発活動に努めた。

さらに、「運び屋——背中の不正」と題し、「密輸」において女性たちの人権が尊重されるよう、政府に圧力をかけるためのキャンペーンを展開した。キャンペーンでは、運び屋を労働者として認めるべきだとの提言もなされている。第二章では、ジェンダー研究における性産業従事者に関する議論を援用し、運び屋の仕事を奴隷のように見るか自由意志に基づく正当な労働と見るかについて検討した。そこでの議論に当てはめると、APDHAのキャンペーンは運び屋の仕事を正当な労働としてとらえ、そのうえで運び屋の権利を守るというアプローチだと考えられる。

報告書やキャンペーンにおける提言は、中道左派のスペイン社会労働党や左派のウニダス・ポデモス（Unidas Podemos）といったスペインの政治団体に提示され、スペイン議会の内務委員会でも取り上げられた。また、APDHAは欧州議会においても発表を行ったという。

ロサド・カロ氏は、新型コロナウイルスの感染拡大以前は月一～二回のペースでセウタに赴き、「密輸」の状況を調査していたという。

私たちは、国境で何が起こっているのかを調査し、報告し続けています。そうすることで、これまで運び屋をめぐる状況は大きく変わりました。私たちはまず、スペインの警察による運び屋の女性への暴力についてスペインの議会に報告しました。すると議会が問題に対して憤り、対策が取られるようになりました。

彼女は自分たちの仕事が、少しずつでも事態を動かしているという手ごたえを強調する。このようなＡＰＤＨＡの働きかけには、スペインだけでなく欧州において、「密輸」における運び屋への人権侵害を可視化する意義があった。そしてそれは彼女の指摘どおり、スペイン側に対応を取らせることにもつながったのだ。

「密輸」専用通路の設置

混沌とした国境

インタビューの中で、ロサド・カロ氏は一本の動画を紹介してくれた。それはカディス県議会が発表した「ドキュメンタリー――世界を背負って」だ。二〇一九年五月に発表された約三四分間のこの動画は、APDHAの主導のもと、「密輸」の問題の啓発のために作成されたものだという。地元テレビ局が撮影した「密輸」の映像や、当事者や専門家らのインタビューを交えながら、人権侵害の危険にさらされながら働いている運び屋の脆弱性を訴えている[5]。

このドキュメンタリーには、二〇一七年以前に国境の一般通路を通ってモロッコをめざそうとしている運び屋の様子が収められている。私自身はそのころのセウタの国境の様子を実際に見たことがなかったので、ドキュメンタリーの映像で当時の混沌さを目の当たりにすることとなった。

場所は、国境のセウタ側のロータリー。背中をはるかに超える大きさの荷物を担いでいる運び屋たちであふれている。制服を着たスペインの警察官が何人もその中に交じっているが、もし彼らの目的が交通誘導だとすればおそらく効果は出ていない。人混みの中に、埋もれるようにして車が数台見受けられる。本来は車道と歩道が区別されているはずなのだが、誰もそのようなことを気にしていないようだ。運び屋たちは背中に荷物、手にも荷物を持ち、前かがみになりながらも小走りでモロッコ側をめざしている。あちこちで悲鳴が聞こえる。

この場所は、モロッコからセウタへ、あるいはセウタからモロッコへ越境するための唯一の公式の通路に続くところだ。欧州からモロッコを経てアフリカをめざす、もしくはその逆に向かう観光客の玄関口でもある。

旅行をしようとしてこの人混みに埋もれたら、面食らってしまうのではないだろうか。さらに、女性たちが担いだり手に持ったりしている荷物は、毛布や洋服などがぎゅうぎゅうに詰め込まれた梱がボンレスハムのように紐で縛られているものだ。それはおそらくほとんどの人にとって、「旅行」あるいは「日常」といった言葉からは想像できないようなものなのではないだろうか。

ドキュメンタリーにはほかにも、運び屋の女性が転倒して泣き叫んでいる場面や、スペインの警察官が運び屋を棍棒で殴りつけている様子が含まれている。これらは卸売業者の立ち並ぶポリゴノで撮影されたものではあるが、とはいえそこも一般に開放されている場所だ。「密輸」の規模が拡大したことで、国境はそれまで以上に混沌に包まれるようになったのだ。

「二番目」の通路

そこで整備されたのが、「密輸」の専用通路だった。専用通路が整備された目的は、公式の一般通路の混雑緩和や衝突防止のほか、運び屋が押し寄せて混沌としている状況を「一般の旅行客から隠すため」だったとされている。[6]

新たに整備された通路は、「タラハル・ドス（Tarajal II）」と呼ばれる。セウタとモロッコのあいだの唯一の検問所が「タラハル検問所」であり、「ドス」はスペイン語で「二」を意味する。つまり、二番目のタラハル通路ということだ。

図3-1◆タラハル・ドスの位置関係

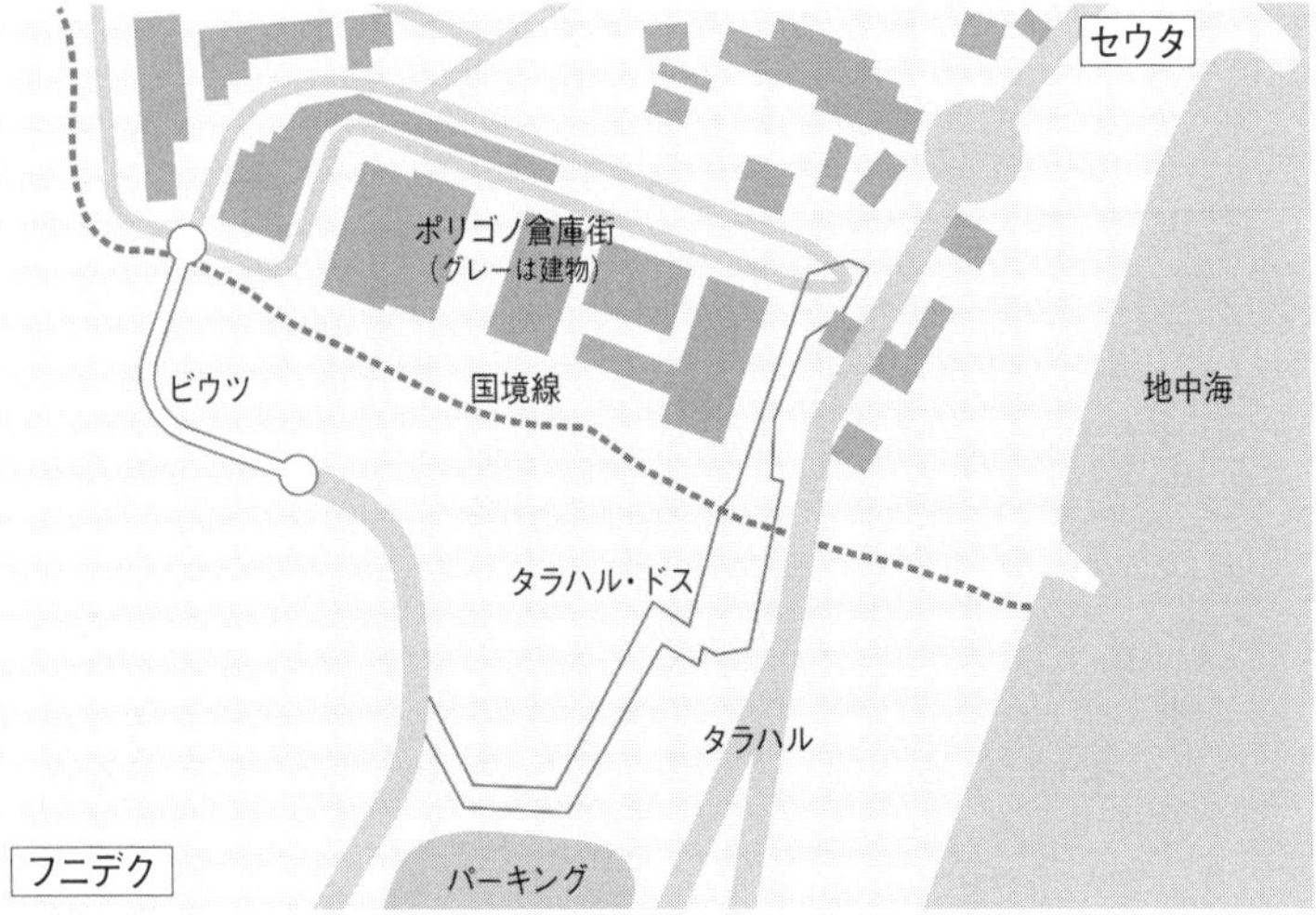

出所:Kadiri（2018）をもとに著者作成。

タラハル・ドスは二〇一六年四月から整備が始まり、二〇一七年二月に開通した。第二章で紹介したビウツと同様、卸売業者の並ぶ倉庫街であるポリゴノと、モロッコ側にあるパーキングと呼ばれる丘の上の広場に続く道を結んでいる。この通路も、月曜から木曜までの午前八時ごろから午後一時ごろまで開門していた。

ポリゴノからタラハル・ドスの入口を見ると、通路が三つに分かれている。左はモロッコ側からセウタに入ってくる通路、右二つがセウタからモロッコ側へ向かうための通路だ。モロッコからセウタには基本的に手ぶらで来るが、帰りは大荷物を持って帰る。そのことを考慮し、セウタからモロッコに向かう通路が多く作られているのではないかと想像できる。後者の通路の上には看板が掲げられており、右端が女性用、中央が男性用と分かれている。通路の手前には柵が設置されており、これは衝突を防ぐために運び屋を一列に並ばせるためのものだ。これまで専用通路として使われていたビウッと比較し、タラハル・ドスは足場も安定しており、通路も広く取られていた。

先に紹介したテトゥアン宣言に照らし合わせれば、「密輸」の専用通路であるタラハル・ドスの整備は、「(二) 悲劇的な状況やハラスメント、危険をなくすために、人と荷物の往来に適していない通路［ビウッ］の構造を変えること」に該当している。鉄柵に囲まれ、起伏の激しいビウッに比べ、タラハル・ドスは運び屋の負担を考慮して作られていた。

メコン地域の国境地帯の研究を行った人類学者のアンドリュー・ウォーカーは、このようなインフラ整備について、特定のルートに沿って貿易の流れを誘導し、州や国の政府が税金や通行料、商業的利益を受けるための試みだと指摘している(7)。これはタラハル・ドスの整備についてもいえる。タラハル・ドスを使って「密輸」を継続することは、セウタの卸売業者にとって、商業的利益をもたらす。それは直接セウタの税収にもつながるものだった。

スペインによる規制強化

タラハル・ドスの運用規則

タラハル・ドスが開通した二〇一七年二月、スペイン当局はこの専用通路の通行を一人あたり一日一回とし、一日の通行可能人数を四〇〇〇人に制限した。人数制限の目的は、タラハル・ドスでの衝突を減らすことにあった。しかし、当時は一日に一万人以上が「密輸」のためタラハル・ドスを利用しようとしていたとされる。さらには一人が複数回往来できていたため、延べ人数は三万人以上とも言われていた。そのような状況で、もし出遅れてその日の四〇〇〇人に入れなければ、運び屋はその日の収入が途絶えてしまう。そのため、この人数制限は早いもの勝ちの競争を生み出すことになった。

このような背景から、タラハル・ドスでは死亡事故が相次いだ。開通から間もない二〇一七年三月には二十代の女性が急性肺水腫によって、四月には五十代の女性が転倒した後に気を失ってそれぞれ死亡した。また八月には、三十代と四十代の二人の女性が群衆に押しつぶされて亡くなった。

相次いだ死亡事故に、セウタだけでなくモロッコも対応を迫られた。モロッコの王党派の政党である「真正と現代党」は議会に対して緊急会議の開催を要求し、「密輸」の問題を俎上に載せた。そして、死亡事故の被害者が女性に偏っていたことから、通行可能な曜日を女性は月曜と水曜、男性が火曜と木曜というふうに、週二日ずつ割り振るようスペイン側に要請したという。これは、体格差を考慮して性別で通行可能な曜日を分けることで、衝突やそれによる死傷事故を減らすことをめざしていた。

メディアではこのほか、荷物の重量や大きさの制限が行われていたと報じられている。一方、実際運び屋に話を聞くと、そのような制限を超えて運搬していた人も多く、規制が形骸化していたか、あるいは朝令暮改の状況に陥っていたのではないかとも思われる。

二〇一八年四月には、スペインはさらに踏み込んで規制を行った。運び屋が背中に荷物を担いで運ぶことを禁止し、代わりにキャスターつきのカートを使うことを定めたのだ。例外的に六〇センチメートル・四〇センチメートルまでの荷物は背中に担ぐことができるとされたが、それまで日常的に何十キロもの荷物を担いでいた運び屋に対するカートの使用の義務づけは、身体的負担を減らす目的も

写真3-1◆
セウタ側から見た「密輸」専用通路のタラハル・ドス。男性と女性で入口が分かれている。

あった。

二〇一九年夏、運び屋の五十代男性のムハンマドに仕事は大変かと尋ねると、「大変？ どうしてですか？ お金が稼げますし、そこまで大変というわけではないです」と返ってきた。

背中に担いでいたときは腰を痛めてしまい、国境に行ったり行かなかったり。毎日なんて到底できませんでした。でも、カートを使うようになって、だいぶ楽になりました。(8)

スペインの規制によるこのような状況の変化に、商機を見いだす人びとも現れた。

先に述べたが、タラハル・ドスのモロッコ側の入り口の近くには、パーキングと呼ばれる場所がある。運び屋はフニデクから一人五ディルハム（約五五円）の乗合タクシーでここにやってきてセウタに赴き、セウタから帰ってくると、ここで商品を待ち受けている男性たちに渡すのだ。

タクシーの運転手にパーキングに行きたいと告げ、私はこの広い場所に着いた。パーキングは丘の上にあり、フェンスがそびえる国境や、青く美しい海岸が見下ろせる。広場には乗合タクシーや多くの車が集まり、運び屋が運んできた荷物をトランクに積み込んでいた。

そこで出会ったのが、国境で稼ぐため、モロッコ北部の農村であるウアザンからフニデクに引っ越してきたアブドゥリッラーだった。彼はかつて、セウタに日々越境して、ポリゴノで車両整理の仕事をしていた。しかし、その後足が不自由になり、しばらく失業状態にあったという。その彼は、運び屋にカートの利用が義務づけられたことを機に、カートのレンタルサービスを始めた。

アブドゥリッラーは、自身では五〇個ほどのカートを所有し、運び屋に有料で貸し出していた。カートには番号の書かれた木札がぶら下げられていたものと、そうでないものの二種類があった。前者は特定の運び屋専用のもので一回五ディルハム（約五五円）、後者は不特定多数に貸し出すためのもので一回二〇ディルハム（二二〇円）だという。自身はタラハル・ドスの開通している月曜から木曜までは毎日パーキングを訪れ、貸出と返却を受けつけるため待機している。


フニデクには失業者がたくさんいます。自分もその一人。ほら、足が悪くて。だからこうして、なんとか隙間を見つけて、やれることを見つけて金を稼いでいるんです。

アブドゥリッラーのようにカートを貸し出す人びとは、パーキングだけでなくフニデクと国境を結ぶ幹線道路沿いにも多く見られ、国境に近づけば近づくほど道路脇がカートで埋め尽くされるように

写真3-2◆
中央の白い塀が走っているところがタラハル・ドス。
モロッコ側にはたくさんの車が運び屋の帰りを待ち構えている。

なっていた。それほど多くの運び屋が利用していることがうかがえる。

カート貸しが多数登場したことは、運び屋が貧困状態にあることを裏づけるものだと言える。極度の貧困状態にある人びとには、初期投資ができないために割高なランニング・コストを払い続けなければならず、その分支出が増えて節約ができないという悪循環が存在する。老朽化した建物をリフォームすることができず、割高な維持費を払い続けているようなイメージだ。トータルでみればリフォームをしたほうが安上がりだったとしても、まとまった金が用意できないので、結果的に出費がかさむ状況を選ばざるをえない。

運び屋の場合、貸し出されているようなカートを購入しようとすると、中古のものでも三五〇ディルハム（約三八五〇円）ほどだという。週二日利用すると考えると、レンタル料が一回二〇ディルハムのカートを二カ月以上使えばカートを購入したほうが安く済むことになるが、それには初期投資となるまとまった金額が必要になる。三五〇ディルハムというのは運び屋の日給かそれ以上であり、日雇いで働き家族を食べさせている彼女たちにとっては簡単に出すことのできない金額だ。また、これは推測の域を出ないが、新たな規則が次々と追加される状況で、それに対応するために大金を使うことは考えられなかったのではないかと思われる。

管理された「密輸」

タラハル・ドスの誕生とその規則は、運び屋にとっての「密輸」をふたたび変えることにつながった。ここでいったん、新たな「密輸」の流れを整理しておく。運び屋はアブドゥリッラーのところなどで借りた空のカートを手に、タラハル・ドスを通ってセウタに入る。女性は月曜と水曜、男性は火曜と木曜だ。セウタでは、ポリゴノで商品を受け取り、カートに載せる。そして、商品の外箱にスプレーで印をつけてもらい、通行用のチケットを購入する。

このスプレーは、「密輸」するものという印です。この印をもとに、モロッコ側で警察や受け取り役が商品を判別します。そしてこのチケットは、タラハル・ドスを通ってモロッコに渡るための通行チケットで、値段は二ユーロです。「タラハル・ドスの」入口のところで警備会社がチケットを回収しています。これがなかったら通れません。

運び屋の商品に印をつけ、チケットを販売していた男性は、そう説明する。この男性は住んでいる

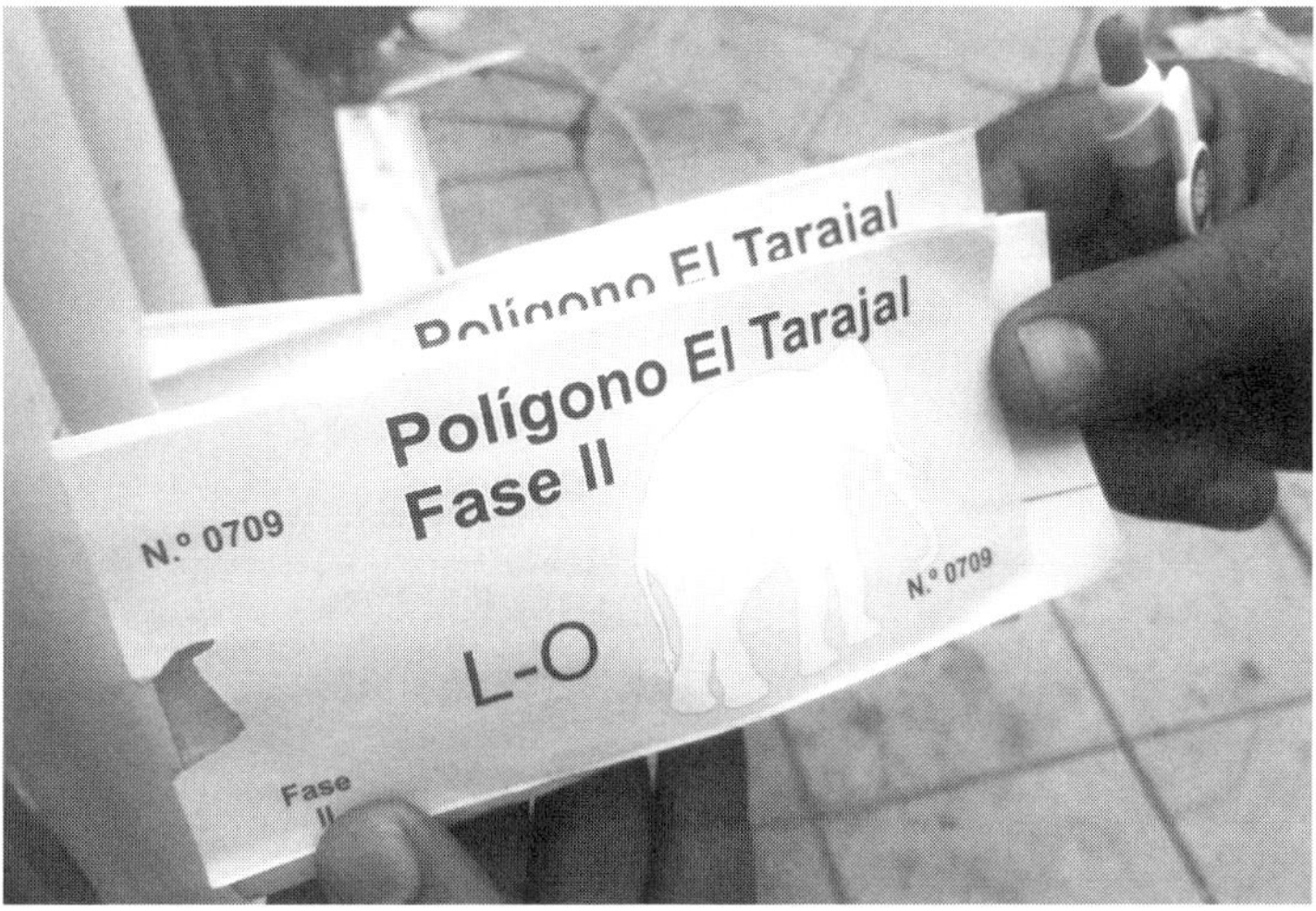

写真3-3◆
タラハル・ドスを通行する際に必要だったチケット

のはフニデクだが、勤務先であるセウタの卸売業者に毎日「越境通勤」しているという。

タラハル・ドスのセウタ側の入り口の手前には柵が並べられており、運び屋はそれに沿って一列に並んでいた。そのうちの一カ所で、制服を着用した警備会社の社員が、運び屋一人ひとりからチケットを回収していた。先ほど、一日の通行可能人数が四〇〇〇人に制限されていると述べた。二ユーロのチケットを四〇〇〇人に販売すれば、単純計算で一日八〇〇〇ユーロになる。この売上はどこに行くのだろうか。現地の報道では、チケットの売上は税金を逃れており、民間企業の懐に入っていると指摘されている[9]。

商品を載せたカートを押しながら、整然と一列に並ぶ運び屋たち。タラハル・ドスを通る前には、警備会社にチケットを渡して進む。こうして「密輸」は、一定の秩序のもと行われるようになった。それまで大荷物に腰を曲げ、他人

写真3-4◆
モロッコ側のパーキングで、運び屋が運んできた商品をタクシーに載せる男性たち。

を押しのけて進んでいたことを考えると、その様子は衝突を防ぎ、運び屋の身体的負担を軽減するというスペインが意図した目的を達成していた。

ポリゴノは私設の商業施設であるため、敷地内では民間の警備会社が警備しているものの、国境付近では治安警備隊であるグアルディア・シビルも警備を担っていた。また、タラハル・ドスが閉門する午後一時ごろになると、きまってスペイン国家警察のバンがポリゴノ近くに現れ、遠巻きにではあるが、二〜三人の警察官が運び屋の様子を眺めていた。「密輸」が当局や民間の警備会社の管理のもと行われるようになったのだと考えられる。

モロッコ側でも、タラハル・ドスの入口近くには常に、制服姿の憲兵が待機していた。近づこうとすると制止されるため、入口近くの様子を目にすることはできなかった。

人間の顔をしたトラフィック？

人道的観点からの規制が設けられ、それに沿って運用されているか、当局や民間アクターが監視・管理する。それは、密輸という言葉からはあまり想像がしにくい状況だろう。課税を逃れているからこそ「密輸」であるのに、当局がそれを管理することには矛盾した響きを感じてしまう。

序章では、近年のインフォーマル経済に対する開発アプローチとして、インフォーマルに発展してきた既存の慣行に権利を与え、合法経済に吸収するフォーマル化が進められていることについて述べた。これに照らし合わせれば、「密輸」に対する規制が行われたことは、「インフォーマルに発展してきた既存の慣行に権利を与え」たことになるのではないだろうか。

第二章で論じたとおり、「密輸」が違法あるいは脱法的としてとらえられるのはあくまでモロッコ側の問題であり、スペインはそこに関与できない。そのため、一連の規制をフォーマル化と言うことはできない。しかし、これまで認めもしないが禁止もしないという態度を取っていた当局が容認の域を超え、インフラや規制を設けて「密輸」を管理し始めた。つまり、インフォーマルな状態で行われてきた「密輸」に対して、一定の範囲内では行ってもよいという許可を与えたことと同義だ。これは事実上、従事者に「『密輸』をする権利」を認めたものだと考えられる。

一方、これらの規制はあくまでも運用規則としてのものだ。運び屋は身体的負担の軽減などを経験することはできたものの、日雇いであることの不安定さや、法的保護が受けられないこと、つまりインフォーマル経済の従事者としての脆弱性はなんら改善されなかった。

モロッコの週刊風刺新聞ル・カナール・リベレ（Le Canard Libéré）は、「人間の顔をした密輸、万

写真3-5◆
一列に並んで商品を運ぶ運び屋たち。手前には「地元警察」と書かれた規制テープも。

歳！」と題した記事でこのようなスペインの規制強化について取り上げ、次のように記している。

要するに、よりショッキングなイメージを減らして、より美しく密輸が継続されるように、すべてが見直されたわけだ。人間の顔をしたトラフィックに万歳。(10)

この記事が掲載されたのは、スペイン側が運び屋にカートの利用を義務づけた直後の二〇一八年四月のことだ。ここでの「すべて」とは、カート使用の義務づけなど、このときスペイン側が行った規制を指している。

ル・カナール・リベレ紙が、風刺新聞であることを考慮したい。すると、「密輸」への規制に対する痛烈な批判が読み取れるだろう。見てくれだけを改善し、「人間的」にすることで、本来なくすべきはずの「密輸」が継続されていること。規制は「密輸」がどのように行われているかにのみ重点を置いており、根本的な原因についてはなんのアプローチもされていないこと。「より美しく密輸が継続される」という言葉から、そんな主張が浮かび上がってくる。

同紙の批判はもちろん、スペインに対してのものだけではない。モロッコに対しては、寛容主義が「密輸」を終わらせようとしないことで、運び屋の屈辱的な現状が容認されていることを批判している。

記事の中では、スペインの規制により運び屋が運ぶ商品が制限されたことが、ホテルやレストランなど一見「密輸」に関わりのないセクターにも影響を与えており、モロッコだけでなくセウタの商人からも不平・不満の声が上がっていると指摘されている。それほどセウタからモロッコに流入する「密輸」品が、人びとの生活に浸透していたことがうかがえる。

このとき行われたスペインを中心とした規制は、言い換えれば、「密輸」が発展した背景にあるモロッコの社会構造が変わらないまま、運び屋の表面上の人権問題の改善にしか焦点が当てられていなかったものであるとも言える。「密輸」の大きな流れのなかの一部分だけを変えようとすることが、新たなひずみを生じさせているのではないか。ル・カナール・リベレの記事は、そのような現状を突きつけるものだった。

「人間の顔をしたトラフィックに万歳」。その言い回しからは、人間的でありさえすれば密輸でもなんでもしていいのか、とでも主張するような声が聞こえてくるかのようだ。

「重ね着密輸」の本格化

ジュラバの下に隠して

「密輸」専用通路としてのタラハル・ドスの整備、そしてカートの使用の義務づけといった規制は、たしかに運び屋の身体的負担を減らし、人権問題の改善に一定程度寄与した。一〇〇キロの荷物を担ぎ、荷物を置いて休憩する場所もなく歩き続けるより、同じ一〇〇キロの荷物を載せたカートを押すほうが、身体的には楽になっただろう。

しかし、それは同時に、運び屋の収入を減らすこととイコールでもあった。たとえばタラハル・ドスの通行が男女別に分けられたことで、それまで週四日往来できていたのが週二日に減った。運び屋が運んだ商品の価値と量に応じて収入を得ていたことを考えると、それだけを考慮して単純計算しても、収入が半減したことになる。さらに、専用通路の通行やカートの利用に費用がかかるようになったことで、その分運び屋の取り分も減ることになった。

また、人道的観点からではないが、二〇一八年にはモロッコ当局が、運搬することができる商品を食料品と古着に限定していた。これまでは新品の衣料品も運ばれていたが、それが禁止されたのだ。

モロッコ側のパーキングで運び屋から商品を受け取り、それを自身の車でフニデクにある倉庫まで運んでいた男性は、「密輸」される商品について次のように話した。

［二〇一八年の規制］以前は新品の衣料品も運べていましたが、今はもう禁止されました。そういったものは、［正規の貿易港である］カサブランカから入るようになったから……ここで［関税なしで］入ってきちゃうと、正規品が売れないですからね。そう聞きました。今［運ばれるの］はチョコレートやビスケット、クッキーだけになりました。

言わずもがなではあるが、古着や菓子類よりも、新品の衣料品のほうが利益は大きい。それが禁止されたことは、運び屋の収入が減少することを意味していた。運び屋は生活のために、失った収入を少しでも取り戻す必要があった。そのための動きを、第二章でも触れたトゥーリアの事例から考察したい。

四十代女性でシングルマザーのトゥーリアと初めて出会ったのは、二〇一九年九月のことだった。研究として最初に行ったフィールドワークで、私は運び屋の話を聞くため、セウタのポリゴノを訪れていた。その日は、女性はタラハル・ドスを通れない火曜日だったが、商品をカートに載せて運ぶ男性たちだけでなく、商品を手に持った女性たちの姿も多かった。トゥーリアもその一人だった。

女性たち数人に声をかけた私は、一時間ほどで心が折れかけていた。私はモロッコで話されるアラビア語モロッコ方言、それもフニデクでとりわけ話される「北部訛《なま》り」の言葉をほとんど話せず、逆に運び屋の女性たちは「北部訛り」しか話せない。いま振り返ると、そんな状況でよくインタビューをしようとしたものだとは思うが、当時は伝手もなく、通訳してくれる人もいなかったので、体当たりで行くしかなかった。「フランス語は話せますか」「フスハー［正則アラビア語］は話せますか」と訊いて、苦笑いで首を振られる。そういうことを繰り返し、諦めかけてポリゴノの入口の辺りに座ってぼーっと周りを見渡していたとき、近くに座ったのがトゥーリアだった。

トゥーリアは、四人ほどの仲間と行動していた。仲間が卸売業者に商品を取りに行っているのを、自身の運ぶ商品が入ったビニールのパックをクッション代わりにして座って待っていた。パトロンと連絡をとるために持たされたという携帯電話を手にしていた。隣でコンクリートの上に座っている私を見て、尻の下に敷くために、その辺りに落ちていた段ボール片を渡してくれた。

火曜日は男性がタラハル・ドスを利用する日だ。そんななか、彼女はどうしてセウタにいたのか。思い切って話しかけると、正則アラビア語とスペイン語を混ぜて、説明してくれた。

> 専用通路を通れないときは、服の下に隠して運んでいます。だって、週二回の女性が通れる日に運ぶだけだと、全然稼げないから……。そういうときは、正規通路でセウタに来て、ここ「卸売業者」で商品を手に入れて。それでみんなで服の下に隠してモロッコに運んでいます。結局、セウタには毎日来ています。[11]

トゥーリアがクッション代わりにしていたパックには、畳まれてそれぞれ個包装された新品の洋服が一〇着ほど入っていた。ここから商品を取り出して、ジュラバの下に隠して運ぶのだ。一回運んで得られるのは、四〇ユーロほどだという。

後日、トゥーリアは「これ、私なの」と言って、自身の写った写真を見せてくれた。仲間に撮ってもらったその写真の中の彼女は、赤いジュラバを着ているが、パンパンに着膨れしていた。ジュラバの下に何かが隠されているのは明らかだった。その写真に私が目を見開くと、トゥーリアはいたずらっ子のような表情で笑った。

人道的観点から行われたスペインの規制は、このような別のかたちの「密輸」を活発化させることになった。それがトゥーリアのように自身のジュラバや洋服の下に商品を隠して運ぶもので、その様相からここでは「重ね着密輸」と表す。

「重ね着密輸」をする人びとは国境の一般通路を通ってセウタに渡ると、倉庫街のポリゴノをめざす。そして卸売業者で商品を手に入れ、それを自身のジュラバの下に隠して運ぶ。ズボンや下着を何枚も重ね着することもあれば、ビニール袋に入った衣料品をビニールテープで胴に貼り付けることもある。とくに「重ね着密輸」で運ばれるのは、「密輸」することが禁止された新品の洋服だ。先ほど触れたように、二〇一八年には、タラハル・ドスでは新品の洋服は運べなくなっていた。そこで、こうして服の下に隠して運ばれるようになったのだ。それが新品であることを隠すかのように、運び屋たちは包装しているビニールから出したり、タグを取ったりして「重ね着」することも多かった。

ポリゴノでは、あちこちでビニールテープを繰り出す音が響いていた。卸売業者の店舗内だけでなく、屋外で着込む姿もある。ポリゴノから国境の一般通路までの道中にある緑地帯では、日中は常に運び屋の女性たちがお互い商品を身体に貼り付けあっていた。重ね着する洋服が入っていたビニール袋が辺りに散乱し、そのまま放置されていた。

そのような光景は、国境付近でも見られた。国境のセウタ側には市内に向かうバスが発着するバス停があり、そこには広場がある。そしてその裏手には、タラハル海岸の砂浜が広がっている。そこでは段ボール箱を脇に置いた男性が箱の中から洋服を取り出して女性に手渡し、女性がそれを着込んでいる場面や、男性がビニールテープで女性の身体に商品を貼り付ける様子が見られた。着込んでいる人びとのなかには、男性も見られた。

「重ね着密輸」は、実は規制以前からも行われていた。しかし、当時はあくまで、国境から見えにくい物陰で目立たないように商品を隠していただけだった。それが規制以降は、国境付近の広場で堂々と行われるようになるなど、活発化していた。

このような「重ね着密輸」は、これまで容認・管理されていた「密輸」よりもさらに周辺的な行為だ。専用通路を利用していたときよりも、当局から恣意的な暴力や商品の没収を受けるリスクも高まる。序章の冒頭でも描写したが、私は「重ね着密輸」をしていた運び屋がモロッコ当局に棍棒で殴られたり、ナイフを突きつけられたりする場面に出くわした。また、一般通路の途中、地図上でちょうど国境線が引かれている辺りには、大量の洋服が山のように積み重ねられていた。これは、当局により没収されたものだと考えられる。商品が没収される場合、それを弁償するのは運び屋の責任だという声も聞かれた。

無事にモロッコ側に戻ると、運び屋はそこで身に着けて運んできた商品を脱ぎ、車とともに待機している受け取り役の男性に渡す。そうして報酬を受け取ると、乗合タクシーに乗り、それぞれの場所に帰っていくのだ。

国境のモロッコ側でしばらく観察していると、しばしば運び屋の女性が受け取り役と思われる男性の胸倉をつかみ、泣き叫んでいる場面を目にした。それだけでなく、あちこちで悲鳴があがり、喧騒に包まれている。乗合タクシーの運転手であるムラドは、女性が男性につかみかかっている様子を次のように説明した。

写真3-6◆
国境近くの広場で、「密輸」する洋服を重ね着する運び屋の女性たち。

十分なお金を払わないとか、そういうことでトラブルになっているんです。前までに比べて、どうしても皆、余裕がなくなったから……。

ムラドの語りからは、「重ね着密輪」が当局による暴力だけでなく、十分な報酬が得られないというリスクもはらんでいることがうかがえる。

「重ね着密輪」の活発化から読み取れるのは、インフォーマル経済に人道的観点から規制を行った場合、従事者がより周辺的な営みに従事せざるをえなくなったという事実だ。これは人道的観点からの規制が、逆に従事者を再周辺化したものと言えるだろう。

フォーマル化の弊害との比較

すでに触れたように、「密輪」に対する人道的観点からの規制は「ここまではしてよい」という範囲を決め、その範囲内でという条件付きではあるものの、「密輪」をすることを事実上許可したものと言える。そしてそれは、「インフォーマルに発展してきた既存の慣行に権利を与え」るというフォーマル化のプロセスの一部分と重なるものでもある。

序章では、フォーマル化によって従事者は法的保護が見込めるものの、一方で弊害を伴いうることを指摘した。そのような弊害を避けようとする動きとして、ドイツでの事例を紹介したい。篠崎香子はドイツにおける家事労働者について、フォーマル化により実収入が減少するため、あえてインフォーマルな状態を選ぶ東欧系移民の存在を指摘した[12]。フォーマル化の対象となることで、煩雑な手続きのうえ保険や税金といった支出が発生することなどが要因という。

それでは、「密輸」に「権利を与え」られたことでどのような状況が生じたのかを考えてみたい。運び屋は、当局の管理下で行える「密輸」では収入が足りなくなったため、見つかると暴力を受けるリスクの高い「重ね着密輸」を行うようになっていった。大差はないものの、タラハル・ドスを通って行う「密輸」のほうがまだ暴力を受けるリスクが低いし、多くの商品を一度に運べるため収入も上がる。それでもそれが行える日数が制限されたことで、生活していくためにはより周辺的な行為をせざるをえなくなった。

「密輸」それ自体も実際はインフォーマルな営みではあるものの、この「密輸」と「重ね着密輸」の関係を、フォーマルとインフォーマルの関係になぞらえてみる。篠崎が取り上げた事例は、自分の仕事をフォーマルな状態にするか、インフォーマルの状態にするかの二者択一の状況で、人びとが実利のためにインフォーマルを選んだものだ。一方、運び屋の例から考えれば、フォーマルで得られない分の収入を、インフォーマルによって補てんするという二者の関係性ができている。

このことから、インフォーマル経済が補完的な役割を果たしていること、そしてフォーマルに対する規制が厳しくなればなるほど、インフォーマルな活動が生まれるだけでなく、その重要性が高まっていくことがうかがえる。これは規制強化こそがインフォーマルな経済活動を生み出すというポルテスとハラーの指摘を、経済的補完という観点からも裏づけるものだろう。さらに言えば、人道的観点からなされた規制であっても、締めつけの性格をもつ規制と同様にこのような結果を生み出すのだ。

自国民と外国人

これまで「密輸」と規制について論じてきたが、ここで、規制が生み出したもう一つの「変化」についても触れておきたい。それは、通過する人びとをより分けるフィルターとしての国境管理に関するものだ。
セウタから戻ってきた運び屋たちが集まるパーキングで、運び屋の帰りを待つ受け取り役の男性と話していたときのことだ。最初は私が「密輸」について質問し、彼は、自分が運び屋が運んできた商品を車に乗せてモロッコ国内に分配すること、モロッコの規制以降は新品の洋服を運ぶことができなくなったことなどを教えてくれた。
ひととおり話をした後、その男性はひらめいたかのように言った。

男性 あなたも運び屋をしてみますか？ 運ぶだけでお金を稼げますよ。
筆者 うーん。でも警察に見つかったら何されるか……。
男性 大丈夫。あなたは外国人だから。警察もあなたの荷物はチェックしませんよ。

（傍点筆者）

男性にこう言われた後、私はそうかなあ、とぼやけた返事をしただけで、実際に運び屋をやってみることはなかった。しかし、正直なところ、たぶんやろうと思えばできるのだろうな、とは思っていた。というのは、たしかにモロッコからセウタに渡るときは荷物をX線検査装置に通さなければならなかったが、その逆のセウタからモロッコへ徒歩で行くときは、そもそもX線検査装置自体を目にせず、荷物のチェックをされたことは一度もなかったからだ。イミグレーションでモロッコの入国カードを提出し、パスポートにスタンプを押してもらう必要はあったが、そのときも基本的には「モロッコには観光で来るのか」「どこに行くのか」といったごく一般的なことを訊かれるのみだった。

一方、男性の用いた「外国人」という言葉が、ずっと心に引っかかっていた。この外国人という言葉が、欧米などのいわゆるグローバル・ノースの人びとを指していることは自明だ。第一章で触れたとおり、セウタとフニデクの国境ではサブサハラ・アフリカや中東出身の「非正規」移民の管理に重点が置かれている。実際、セウタの国境では、サブサハラ移民が車のシートやスーツケースの中に隠れて越境しようとした事例が摘発されたこともある。これは基本的にはモロッコからセウタへ北上する人びとを対象にした規制ではあるが、かといってセウタからモロッコに移民や難民と呼ばれる人びとが簡単に行けるとも思えない。

私を含めた「外国人」は多くの場合、けっして小さくはないバックパックやスーツケースを携行している。モロッコ人はそういったものを持っていなくても「重ね着密輸」をしていないか疑われ、荷物を持っていればその中身を調べられることがあるのに対し、「外国人」はその中に何が入っていようがお構いなしだ。そもそもX線検査装置すらないのだ。

ヒトの移動に関する一般的な国境管理においては、「自国民」と「外国人」という二項対立があり、外国人の入国を管理することが国家の権利および義務となっている[13]。こうした外国人のための国境管理は、新型コロナウイルス禍においてはいっそう顕著なものとなっていた。日本だけでなく、多くの国ぐにで自国民と外国人を区別し、外国人に対してはより厳しい入国規制が行われた。

アメリカ合衆国では、警察が故意にアフリカ系をはじめとする有色人種を対象に絞って捜査するレイシャル・プロファイリングが起こっている。モロッコに滞在するサブサハラ・アフリカ出身の移民も、その人の身分が正規の滞在か「非正規」かにかかわらず、見た目による判断で職務質問されることがあるという。

一方で、セウタとモロッコの国境地帯に関して言えば、「密輸」の影響でモノの移動に関連づけられたことで、一般的に規制対象とされる外国人よりもモロッコ人という自国民がとりわけ「捜査」の対象となっていた。この国境地帯で「密輸」が発展し、さらには「重ね着密輸」のように商品を隠して運ぶモロッコ人が増加したことで、国境管理に変化が生じたものととらえられるのではないだろうか。このことからも、「密輸」は運び屋として直接的に携わる人びとのみならず、国境管理をはじめ、営みそのものを越えた領域にも影響を及ぼしていることがうかがえる。

第四章

「密輸」に依存する町

セウタ

セントロとディワナ

本書ではこれまで、運び屋を軸に「密輸」という現象を見てきた。しかし、「密輸」に携わっているのは運び屋だけではない。間接的に関わっている人びとも含めれば、四〇万人にのぼると推測されている。本章ではいったん視点を変えて、「密輸」によって生かされている町に焦点を当てることで、運び屋以外のアクターの姿を描いていきたい。

セウタには、大きく分けて二つのエリアがある。運び屋のムハンマドはフニデクでのインタビュー中、私が翌日フニデクからセウタに行くことを話すと、次のように答えた。

じゃあ、セウタでまた会って、お茶でも飲みましょう。ただ、ああそうか、あなたはセントロにいるのでしょう。自分はセントロには行く時間も余裕もないだろうから、どうしようかな……。

ムハンマドの話すセントロ（centro）とは、スペイン語で中央を意味し、そのままセウタの市内中心部のことを指している。セントロには中央市場のほか、レストラン、バー、スペインブランドのアパレルショップなど欧州の街並みが広がっており、スペイン人が住んでいるのもこのエリアだ。

日々越境しながら働くモロッコ人のうち、スペイン人家庭で働く家政婦らは、セントロまで「越境通勤」している。セントロと国境はバスでも結ばれており、運賃は〇・九五ユーロ（二〇二〇年三月現在）、所要時間は一〇分ほどだ。私もセントロで泊まっていたホテルと国境を日々往復していたが、基本的には私以外の乗客はジュラバを着ているかヒジャブをかぶっているかで、全員モロッコ人と思われる格好をしていた。

一方、国境に近いエリアは、ディワナ（*diwana*）と呼ばれる。アラビア語モロッコ方言で税関や国境を意味する言葉で、モロッコ人やモロッコ系スペイン人が集住しているところだ。「密輸」のためにセウタに越境する運び屋は、越境することをしばしば「ディワナに行く」と表現していた。

セントロからディワナに近づけば近づくほど、欧風のレストランやバーはなくなり、代わりにモロッコ人向けのカフェが見える。セントロにたくさんあったキリスト教の教会は、イスラーム教のモスクに変わる。人びとの暮らすアパルトマンなどの建物もモロッコ風だ。イスラーム教徒が断食をするラマダンの時期には、道路の上部にスペイン語で「ラマダンおめでとう（Feliz Ramadán）」という文字がかたどられた電飾が掲げられていた。

ディディエ・ビゴは現代の境界に関して、「文化や宗教、階級といった多様な境界が、常に国境線と合致しているのかどうかも問われるようになった」[1]と述べている。従来の国境や国境研究と言えば、領土問題と結びつけられて論じられてきた[2]。しかし、とくに旧植民地であるアフリカでは、後から引かれた地理的な国境線が一つの民族を分断することになった地域も多い。そのため、国境を越えても民族的な空間が変わらないことが多々あるのだ。

セントロとディワナという二つの言葉は、中心−周辺というだけの含意を超え、このような民族的な空間を表しているととらえられる。モロッコとセウタの間には、国の領土を定める国境線がたしかに引かれている。一方で、民族という観点から見れば、国境線そのものに沿うかたちではなく、セントロとディワナの間にこそ境界があるのだ。

運び屋が商品を手に入れる倉庫街のポリゴノは、スペインの領土にあるものの、モロッコの延長線上かのようなディワナにある。つまり、運び屋は物理的な国境を越えながらも、民族の境界を越えることはほとんどない。国境周辺に暮らすモロッコ人に対する査証免除措置が取られていたこととあわせて考えれば、運び屋は越境するという強固な意識をもつこともなく、外国らしからぬ外国に身を置くという経験をしていたのだ。

エスニック・エンクレイブ

いつもバスに乗って移動していたセントロからディワナまでの道筋を一度、一時間以上かけて歩いたことがある。道路標識の「モロッコ」という矢印にしたがって歩くと、次第に街並みが変わってくる。住宅街を抜け、国境検問所を見下ろせる高台までたどり着いたとき、それまで使っていたスペインの通信会社オレンジ（Orange）の電波が入っていないことに気づいた。スマートフォンはモロッコの通信会社マロック・テレコム（Maroc Telecom）の電波をローミングしていたが、これではインターネットが使えず、地図アプリが見られない。ちょうど通りかかったモロッコ人と思われる男性に声をかけたところ、「ここはもうスペインの電波は届きません」と言って、ＳＩＭカードの挿入口を開けるためにゼムクリップを渡してくれた。

無事にモロッコのＳＩＭカードでデータ通信もできるようになり、私はそのまま倉庫街のポリゴノに向かった。歩き疲れたので、ポリゴノの入口近くにある店で水を買おうとしたが、細かいユーロ硬貨がない。店員はそんな私に対して、「ディルハムでもいいですよ」と声をかけてくれた。ディワナはまだスペインの領土であるにもかかわらず、街並みも、電波も、通貨も、そして人びとの顔つきや話す言葉も、すべてモロッコそのものだった。

ディワナというエリア、そしてポリゴノのような倉庫街については、モロッコ人のエスニック・エンクレイブが形成されているととらえることができる。エスニック・エンクレイブとは、特定の文化的あるいは国家におけるマイノリティの一員が運営しているエスニック企業が集中している一定のエリアを指す[3]。その特徴の一つとして、エンクレイブ内の労働力も同一のエスニック集団から供給されていることが挙げられる[4]。

ポリゴノには、最盛期には八〇〇とも言われる卸売業者が立ち並んでいた。外資系の大企業の卸売業者も入っていたが、ここで商売をするモロッコ系移民も多い。

五十代男性のアハメドは、モロッコ北部アルホセイマ出身の両親をもち、両親のセウタ移住後に生まれた移民二世だ。セウタのアラブ系小学校を卒業したが、その後「モロッコの学校に行ってほしい」という両親の強い希望で、寮に滞在しながら中学と高校はテトゥアン、大学はマルティルで学んだという。セウタで暮らすモロッコ系移民には珍しく、彼はフランス語を流暢に話す。「アラビア語、スペイン語、そしてフランス語。三カ国語を話せるのは、モロッコの学校に通うことを両親が決めてくれたからだ」と満足げだった。それはセウタでモロッコ人相手に商売をするうえでも役立っているという。

アハメドは、一九九九年ごろからセウタで卸売業を営んでいた。常時三〜四人の従業員を雇っており、主な顧客層は運び屋だった。スペインが規制強化に踏み出すより前、つまり運び屋が日々訪れていたときには、一日の売り上げが二〇〇〇～三〇〇〇ユーロにのぼっていたという。

彼を含めた多くの卸売業者では、モロッコ人あるいはモロッコ系の従業員を雇用していた。そのなかには、モロッコに住みながら日々セウタに「越境通勤」している人びともいた。同胞のネットワークが労働力の供給源となっていることは、エスニック・エンクレイブ論で言われるとおりだ。

その観点から見れば、運び屋もただ顧客というだけでなく、運搬という「労働力」を提供していたと考えることもできる。アレハンドロ・ポルテスとレイフ・ジェンセンは、エスニック・エンクレイブにおける女性について、自営がほとんどいないため直接利益を得ることはないものの、より高い収入を得られると指摘している[5]。運び屋をセウタのエンクレイブにおける労働者の一員として見れば、ここでも女性がエンクレイブの恩恵を受けていたと言える。運び屋の女性の多くがスペイン語能力といった人的資本をもたないにもかかわらず、越境することができ、国内のインフォーマル経済で働くよりも高い収入が得られていたからだ。

特筆すべきは、ポリゴノがセウタの主要産業の一つだという点だ。エスニック・エンクレイブはエスニック・マイノリティが集まる場所としてとらえられ、中央―周辺の対比では中央に位置づけられることは少ない。一方、エンクレイブでは同胞のネットワークを活用することで、中央の主流社会に移民として統合されるよりも高い収入が得られる可能性があった。

地理的には周辺にありながら、経済的には中央と結びつくほど力のあるポリゴノは、ほかのエンクレイブとは少し異なる位置づけにあるように思う。セウタの主要産業であることで、周辺にありながらも、中央よりさらに多くの経済的資本の達成が実現しうる環境だったものと考えられる。

フニデクの「密輸」品スーク

スペイン直輸入の商品

「ハムシーン、ハムシーン」

二〇一八年五月、フニデクの広場で、露天商のムスタファが声を張り上げていた。ハムシーンとは、アラビア語で五〇を意味する。

ムスタファのいた広場は、フニデクと他都市を結ぶバスが発着するバスターミナル付近にある。そこにはタクシー乗り場を表す看板が掲げられている一角もあるものの、実際にはタクシーは待機しておらず、露天商がそれぞれビニールシートを広げて商品を販売していた。商品の大半が洋服や下着といった衣料品であり、皺一つない新品のようなものから、ワゴンの上に雑然と積み重ねられている古着もある。ほかにはスペイン語表記の食料品や洗剤、中古のスマートフォン、SIMカード、雑貨なども見られる。

ムスタファはそのような露天商の一人で、一本五〇ディルハム（約五五〇円）でジーパンを販売していた。「ハムシーン」と値段を連呼しながら、ビニールシートの上に並べていたジーパンを手に取り、畳み直していた。きれいに畳まれたジーパンは、新品のように見受けられる。尻ポケットの辺りに、スペインの有名ブランドのタグがついていた。

足を止めた私に、ムスタファは「ボンジュール」とフランス語で声をかけ、私に商品のジーパンの一つを手渡した。私はそれを広げ、五〇ディルハムなんて安いね、と言いながら、ふとジーパンのタグを見た。すると、そこには七・九五ユーロと印字されたシールが貼り付けられていた。タグの表記どおりなら日本円換算で一〇〇〇円を超えるが、販売価格の五〇ディルハムは六〇〇円ほどだ。どういうことなのか。

ムスタファ うちの商品は全部、セウタからの商品です。スペインのものだから、質が良いんですよ。

筆者 ［タグを見ながら］ここには七・九五ユーロと書いてあるけれど、五〇ディルハムで売っているのですか？

ムスタファ そう。このタグ、かっこいいでしょう。おれがつけたんです。

筆者 え、あなたが？

ムスタファ そう。セウタから運ばれた服に、自分でタグをつけます。タグがあったほうが、新品って感じがしますから。だから、タグと服はまったく関係ありません。ほら、タグはＺＡＲＡのものですが、ジーパンは全然違うところのものです。

ムスタファが販売している商品は、運び屋がセウタから「密輸」したものだ。彼へのインタビューを行った二〇一八年当時、セウタからモロッコへ新品の衣料品を「密輸」することはすでに禁じられていた。そのため、彼が販売している商品はすべて、「重ね着密輸」によって持ち込まれたものだと考えるのが自然だろう。

写真4-1◆
「密輸」された商品に
タグを付け直して販売する
露天商のムスタファ

写真4-2◆
フニデクのスークには、
「セウタ直輸入」の商品が並ぶ。

「重ね着密輸」を行う際、運び屋は素材により五〜一五着程度の洋服を重ね着していた。洋服を重ね着するときはたいてい、個包装のビニール袋やタグは乱雑に取り払われて路上に捨てられていた。ムスタファはそうして運ばれた洋服にタグを付け直して販売していたのだ。タグの値段と実際の販売価格に乖離があったのは、それが理由だった。

「商品は全部セウタから来ます。ここで「自分が」売っているものでモロッコのものと言えば、まあ、このタグだけです」

ムスタファはそう言って、大口を開けて笑った。

彼は自身の販売する商品を手に取りながら、「質が良い」と強調する。モロッコでは、一般的にスペインをはじめとする欧州製品は、モロッコ製品に比べて品質が良いという価値観が浸透している。ジェレミー・バレは、モロッコ人客は同じ製品であっても、スペイン語表記のものにはより多くの金を支払う傾向があることを指摘している(6)。ムスタファがセウタからの商品であることを強調するのにも、あえて手間をかけて洋服にタグを付け直して販売するのにも、新品かつ欧州製品が安価であることが売りになる価値観が背景にある。

あくる日は食料品を扱う別の店で、「日本米」と漢字で書かれた米の袋を見かけた。当時は首都ラバトでもほとんど日本米が手に入らず、在住日本人の多くはスペインのパエリヤ用の米を愛用していた。そのため、フニデクといった地方で「日本米」を見つけて素直に驚いた。実際のところは中国産のようだったが、フニデクはこうして「セウタ直輸入」の商品が並ぶ街となっていた。

季節外れの商品

露天商が店を並べているのは、この広場だけではない。セウタとの国境までつながる幹線道路に出るとパラソルが並んでおり、その下で衣料品や寝具、電化製品などさまざまな商品が販売されている。

運び屋と露天商を兼業しているムハンマドはその一角で、セウタから「密輸」された男性物の衣料品を販売していた。季節は夏にもかかわらず、台の上に並べられた商品はダウンジャケット二五〇ディルハム、ジャージ上下セット一五〇ディルハム、ニット八〇ディルハム、靴八〇ディルハムといった具合だった。周りの人びともムハンマド自身も半袖やタンクトップ姿で、季節を先取りするという域を超え、明らかに季節外れだった。

フィールドワークでフニデクを訪れた二〇一九年八月、私はしばしばムハンマドのところに通っていた。フニデクに到着した初日、通りを歩いていた私にムハンマドがフランス語で声をかけてくれたのがきっかけだった。アラビア語やスペイン語が主流のフニデクでそれらを流暢に話すことができず、言葉が通じないストレスと焦りを感じていた私にとって、フランス語の話せるムハンマドの存在は心の支えとも言えるほどだった。彼は当時、午前中は運び屋として働くために国境に行き、午後は路上で店番をしていた。

ムハンマドの店にあいさつをしにいくと、彼はいつも手招きをして、自分が座っていた木の椅子に座らせてくれた。自分は店に並べる前の洋服が詰まった梱に腰かけ、人が通ると「ダウンジャケット、二五〇ディルハム」と声をかけたり、人が通らないときは私と話したりしていた。「仕事もない。食べるものもない。こうしてずっと座っているだけ。どうして吸わずにいられる?」と言いながら、よく話を中断して、私に背を向けてハシシ（大麻）を吸っていた。「お祈りに行ってくるから、そこにいて」と言い残し、数十分帰ってこないこともあった。

ムハンマドの店に並ぶ季節外れの商品は、なんだかんだ一日に数枚は売れているようだった。自分が店にいることで商売の邪魔をしたらと最初は悩んだが、おそらく影響はなかった。私がいた一〜二時間のあいだにも、タンクトップ姿の男性が店の前で足を止め、分厚いダウンジャケットを試着していた。ある陽気そうな男性は黒と茶のダウンジャケットを身体に当て、どちらが似合うかと私に尋ねた。茶色が良いと答えると、その男性はムハンマドにお金を支払い、それを購入して帰っていった。

なぜ真夏にダウンジャケットが売れるのか。ムハンマドは次のように説明する。

［モロッコの］北部は海岸が有名なので、バカンスでこっちに来たモロッコ人が、ついでにフニデクに寄って買い物をしていくんです。一年に一回しか来ないし、ここで買うと安い。だから真夏にダウンジャケットのようなものでも売れるんです。

モロッコ北部のうちとくにフニデクと近いマルティルやムディクという都市は近年、国内ではビーチリゾートとしても知られている。ムハンマド六世国王が幼少期を過ごした場所だとも言われており、アパートメントホテルから外資系の高級ホテルまで立ち並んでいる。モロッコの二〇一七年のフォーマル・セクターの平均月収は五一二九ディルハム[7]だが、ムディクとフニデクを結ぶ幹線道路沿いに位置するある外資系リゾートホテルは、オフシーズンでも一泊四〇〇〇ディルハム以上になる。セウタを経由してモロッコを訪れた欧州からの観光客だけでなく、モロッコの中流階級以上の人びとがバカンスを過ごす場だ。

マルティルやムディクほどビーチリゾートが有名ではないフニデクは、バカンス帰りに買い物をする場所として位置づけられているようだった。モロッコ人にとって、「セウタ直輸入」の質の良い商品を安価で購入することのできる場所だったのだ。言い換えれば、「密輸」品を販売していることが、観光地としてのフニデクのアピールポイントなのだ。

一方、近年中国製品の割合が増加していることで、店の売上も減少しているという。ムハンマドは中国製品について「質はいまいちだけど、安い。ただその分取り分も少ない」と説明する。以前は欧州製品の洋服一着につき五〇ディルハムの取り分があったが、中国製品になると四着で一〇～二〇ディルハムほどになったという。それは、直接的に露天商の暮らしを圧迫することにつながっていた。

当局との攻防

露天商が「密輸」品を売る店は、しばしば当局から目をつけられる対象となる。当局は定期的に取り締まりを行うほか、ときには道路を工事して物理的に店を広げられない状態にすることで、「密輸」品マーケットを一掃しようとしている。

あるとき、ムハンマドの店の近くの通りを歩いていると、突然露天商らが店を片づけ始めたことがあった。地面に敷かれたビニールシートの四隅を合わせて商品を包むと、それを担ぎ、どこかに向かって一斉に走り出したのだ。彼らが何度も振り返る目線の先を追うと、警察が棍棒を手に早足で歩いていた。ムハンマドはどうしたのだろうと思って店のあったほうに行ってみると、彼は店を片づけ、近くにある兄の店に「避難」していた。道路の一角を使用しているムハンマドと異なり、彼の兄は建物のテナントとして店を構えていた。「こういう商売をすると、嫌がる人がいるから」と、ムハンマドはため息をつき、諦めたように笑っていた。警察が来ると逃げるのは、日常茶飯事だという。

インフォーマル経済のなかでも、おそらく露天商はわかりやすい規制対象なのだろう。アラブの春のきっかけとなったチュニジアのシディ・ブジッドの野菜売りの男性も、モロッコ全土にデモを巻き起こしたアルホセイマの魚売りの男性も、いずれも露天商だ。「許可を得ずに」公道を利用して商売をしているため、街の景観の維持や治安の確保など、規制の大義名分はいくらでもある。

実際、このような露天商と警察の攻防は、「密輸」品を扱っていない場合でもしばしば見られる光景だ。レイ・ブロムレイは世界中の多くの都市において露天商を含めた街頭の物売り（street vendors）が問題化されていることを指摘したうえで、次のように述べている。

> 多くの都市や国で、警察や行政機関の捜査官は街頭の物売りを脅迫し、追いまわし、逮捕し、そしてときには暴力を振るい、彼らの商品はしばしば没収されてきた。通りが整然としていることが訪問者にとって街のイメージをより良いものとするという仮定に基づき、攻撃的な警備は、主要な公共・観光イベントの前にとくに顕著だった。(8)

フニデクの露天商に対する当局の警備は、このような街頭の物売りに対する当局のある意味普遍的な態度に加え、「密輸」品を一掃するという目的もあった。しかし、それはいたちごっこにすぎなかった。

店を片づけ、近くの兄の店舗の軒先で時間をつぶしていたムハンマドは、警察の姿が見えなくなるとふたたび店を広げ始めた。周りの露天商も同様だった。警察の見回りはこのとき、ほんの十数分の効果しかなかったのだ。

先ほど、店を広げられなくするために道路工事さえ行われたことについて触れたが、それも一過性でしかなかった。私は二〇一八年五月、知人を介して知り合ったテトゥアン出身のツアーガイドに、フニデクの移民が暮らしている森と、「密輸」に関係する場所を案内してほしいと頼んだ。前者については第一章で述べたが、後者の「密輸」に関係する場所として連れて行ってもらったのが、フニデクのメインストリートの一つであるムハンマド五世通りだった。当時、その通りではアスファルトを掘り返す道路工事が行われており、「密輸」の面影はなかった。

アスファルトが掘り返されている場所で、かつては「密輸」品が売られていました。セウタから入ってきた商品はバンに載せられ、直接ここに運ばれていました。現在、当局は「密輸」をなくそうと、こうして工事をしています。

ガイドはそう説明した。また、インターネット上にも、フニデクが「密輸」品を一掃しようとしていることについてのニュース記事が散見されていた。

そのような取り組みが行われていると思っていた私は、二カ月後の二〇一八年七月にフニデクを再訪して驚いた。前回訪れたときの道路工事は完了していたのだが、歩行者天国となっている通りの両端が露天商と商品で埋め尽くされていたのだ。ビニールシートが道路脇に隙間なく並べられ、そこに雑多に洋服が積み重ねられている。人にぶつからずには歩けないほど、通行人の足を止めようと商品を差し出す露天商や、買い物客らで混みあっていた。

その後もしばしば、いつも人と商品でいっぱいの通りが、もぬけの殻の状態になっている日があった。規制が行われれば店を畳み、それがなくなればまた店を再開する。そのような攻防が何度も何度も、あちこちで繰り返されていたのだ。

タイの有名な観光地の一つに、メークロン市場という場所がある。バンコクから南西六〇キロのところにあるその市場では、電車の線路にはみだすように市場が広がっており、商人たちは電車が通るたびに露店を引っ込めては、電車が通過し終えてからふたたび商品を並べ直すという。その様相から、「折り畳み市場」とも呼ばれている。

フニデクの露天商にとって、警察の見回りはまるでこの電車のようだった。断続的でありながら、一過性のものでしかなかったのだ。

その理由となる要因を、ブロムレイは次のように説明している。

> 混雑した地点からの移動を求められたとき、彼ら［街頭の物売り］はしばしば従い、そして短時間で戻ってくる。［中略］街頭の物売りを路地裏のようなところに移動させるのは比較的容易だが、彼らの客をそこに向かわせるのははるかに困難だ。客がついてこられなかったとき、たとえ追及の危険性に直面したとしても、物売りには通りに戻る以外の選択肢はない(9)。

フニデクでも、露天商はいつも同じ場所に店を構え、やってくる客を相手にしていた。ムハンマドが店を構えていたのは国境につながる幹線道路沿いで、地域のイスラーム教のモスクや、「密輸」品を並べるスークが集まる商業施設ともほど近い(10)。それらに向かう人びとがついでに立ち寄って買い物をしているだろうことを考えると、露天商たちにとって、場所を変えることは現実的ではないのだ。

私はムハンマドに会うときも、改まってインタビューを行った一回を除いては、ちゃんと待ち合わせをしたことはなかった。「今日はフニデクにいるの?」と電話がかかってくれば、「いるから、後で行くね」と答えていつもの場所に行く。調査の帰りにふらっと立ち寄ることもあったが、ムハンマドはたいていいそこにいた。たまにいないときもあったが、すると隣の店の男性が「あいつは今、お祈りに行っている」と教えてくれた。

別の通りでも、私はよくサイードとドリシアという夫婦に会いに行っていた。彼らもムハンマドと同様、運び屋と露天商を「兼業」しており、午後はたいてい、路地裏の同じ場所で「密輸」品の毛布を販売していた。

あの通りに行けばムハンマドに会える、あの通りに行けばサイードとドリシアに会える。そんな調子で、連絡をせずとも会いたい人に会えるくらいだった。彼らは幾度となく店を畳んだり、ふたたび広げたりしながら、いつも同じ場所で日々を過ごしていたのだ。

スーパーマーケットとスーク

「密輸」に関わっているのは、「密輸」品を売る側だけではない。フニデクに暮らす人びともまた、「密輸」品を買うことで生活を営んでいる。欧州製品が質の良いものと見なされるのは衣料品に限った話ではなく、洗剤や掃除用具といった日用品、クッキーやチョコレートといった菓子も同様だ。フニデクのスークや露店、ハヌートと呼ばれる個人商店は、スペイン語表記の商品であふれている。

売る側も買う側も、「密輸」品を扱うことは日常のことだ。案内してくれたツアーガイドは、「『密輸』で［フニデクに］入ってきた商品を買いにくるのも、いたって普通の人です」と話す。フニデクではないが、北部地域から首都ラバトに引っ越してきた二十代の女性がいちばん驚いたのは、物価の違いだったという。地元の町ではイタリア製のヘーゼルナッツ・スプレッドのヌテラの瓶が二〇ディルハム（約二二〇円）で買えたのが、ラバトのスーパーマーケットではその倍の四〇ディルハムだった。もちろんヌテラは外国のものであり、北部地域では「密輸」品として入ってきたものが流通していたことがうかがえる。

近年は、消費者の側にも行動変容を促す取り組みが広がっている。二〇一五年九月の国連総会で定められ、今やあらゆるところで耳にするようになった「持続可能な開発目標（SDGs＝Sustainable Development Goals）」においても、消費者としての責任として「つくる責任　つかう責任」が掲げられている。その点から考えれば、日本では、動物実験をしていない企業の製品を購入したり、女性蔑視の広告を打った企業の製品を避けたりすることで、ただ受動的に消費するのではなく、消費行動の変容を通して動物実験や女性蔑視に反対する意思表示をする消費者も増えてきている。

しかしフニデクでは、「密輸」品を避けたいと思ったとしても、そのすべはない。フニデクのほぼすべての店で販売されているのは「密輸」品だ。たとえそれらを買わないように気をつけたとしても、フニデクのホテルに泊まったり、レストランで食事をしたりするだけで、なんらかのかたちで「密輸」品を消費することになる。「密輸」品とそうでないものを見分ける手段もない。フニデクにいる限り、誰しも消費者というかたちで「密輸」に関わらざるをえない状況にあるのだ。

「密輸」品でないことが明らかな商品を選びたいと思ったとしても、フニデクにはいわゆるフォーマル経済に位置づけられるスーパーマーケットが存在しない。フニデクから最も近いスーパーマーケットは、車で二〇～三〇分ほど南下したテトゥアン郊外にあるマルジャン（Marjane）だ。フニデクからもテトゥアンからも、タクシーや自家用車で行く必要がある距離だ。

マルジャンは王宮系のマルジャン・ホールディングのチェーン店で、一九九〇年に首都ラバト近郊の町サレを皮切りに、二〇二三年四月現在、国内三〇の都市に一三〇店舗以上を展開している[11]。テトゥアンにある店舗は、「密輸」への対抗を銘打って二〇〇二年にオープンしたという。このねらいは、これまでインフォーマル経済である露店やハヌートと呼ばれる個人商店で買い物をしていた人びとを、フォーマル経済に位置づけられるスーパーマーケットに取り込むことで、「密輸」品の需要を減らすことにあった。のちに、近辺にフランス系スーパーマーケットチェーンのカルフールもオープンしている。

しかし、フニデクに限らず、モロッコではスーパーマーケットは高価だというイメージがいまだに根強い。というより、実際に高価だ。それに、スーパーマーケットでパック詰めされて売られている鶏肉よりも、その場で絞めた鶏肉を地元のスークで買うほうが鮮度も高い。そのため、スーパーマーケットが近くにあったとしても、普段はスークで買い物をする人びとが多い。

とくに欧州の商品は、スーパーマーケットで正規輸入品を買うと「密輸」品より二〇～三〇パーセント値段が上昇する。地元メディアによれば、とくに衛生用品に関して、マルジャンの商品と「密輸」品では最大七〇パーセントの価格差があるという[12]。マルジャンの店内には「最安値保証」という看板も掲げられていた。それによると、店内の四〇〇以上の商品に関して、他店よりも高値だった場合には差額の二倍にあたる金額を返金するという。しかし、少なくとも正規輸入品が「密輸」品と比べて高額なことは明らかだ。

私は二〇一八年七月、日曜日の午後三時過ぎにマルジャンを訪れた。チェーン店のため、ピザハットやデカトロンなど、ラバトやカサブランカといった大都市の店舗と同じテナントが入居し、見慣れた商品が置いてある。店員はフランス語が話せ、ついでにいうと清潔なトイレもある。大きなショッピングカートを押す人びとは、どちらかというと中流階級以上の人びとのように見受けられた。

日曜日の午後は、いつも地元のスークがにぎわう時間帯だ。喧噪の象徴とも言えるフニデクのスークに比べ、マルジャンは人も少なく、落ち着いた様子だった。レジは二四台設置されているうちの八台しか稼働しておらず、その八台のうち常に客がいるのは二~三台ほどだった。身近に安く商品が買えるスークがあるのに、わざわざスーパーマーケットまで車で移動して高い商品を買いに行くという人びとは、けっして多くないことがうかがえる。

スーパーマーケットができてからも、フニデクの住民にとっては伝統的なスークが買い物の場所であり続けていた。パレスチナ自治区ナーブルスのスークについての研究を行ったジハード・アブデュラティフ・アワドは、その購買層について次のように述べている。

それにもかかわらず、スークのあるエリアは伝統的な地方の顧客だけでなく、より密集して暮らすようになった貧困層の住民に対してもサービスを提供しており、低所得者向けの最も力強い商業センターであることには変わりがない(13)。

スークの家賃は低く、そのため現代的なセンターよりも価格が安い。したがって、スークは低所得層の家庭にとって重要な場所となったのだ[14]。

スークは安価な商品を提供する重要な場だが、その商品が「密輸」品となればなおさら価格が下がることは言うまでもない。地方都市であるフニデクには、「密輸」などに従事する貧困層の人びとが集まっていることもあり、スーパーマーケットができてからもスークの重要性が保たれていた。

こうしてフニデクのスークで買い物をする人びとも、意識的か無意識的かにかかわらず、消費者として「密輸」の恩恵を受けていた。フニデクのスークで扱われている商品は、野菜や肉といった生鮮食品、ミネラルウオーターやジュースといった一部の商品は「モロッコ産」であるものの、それ以外のものの多くが「セウタ直輸入」だ。食料品から洗剤、洋服に至るまで、「密輸」品であふれている。どれが「密輸」品でどれが正規品なのかははっきりとはわからないし、買い物以外のときでもホテルやレストランの食事で知らず知らずのうちに「密輸」品を消費していることもある。このように、「密輸」は従事者だけでなく、「密輸」品を購入する人びとによっても維持されていたのだ。

皮肉なことに、マルジャンに買い物に来る客の多くは、セウタの住民だったという。とりわけ生鮮食品に関して言えば、税制優遇措置が取られているが輸入に頼っているセウタよりも、モロッコのほうが物価は安い。モロッコ系移民をはじめ、セウタからモロッコに買い物に来る客はもともといたが、マルジャンができてからはさらに加速したという。

モロッコに行けば、新鮮なイワシが一キロ一〇ディルハム［約一一〇円］で買えることもあります。でも、セウタで買おうとすると、その何倍もします。

セウタ在住のモロッコ系スペイン人の男性はそのように話す。自身もよくモロッコに行って買い物をしているという。マルジャンには、六〇〇台を収容できる駐車スペースがある。私が訪れた日は、せいぜい二割ほどしかうまっていなかったが、そのなかでも欧州のナンバープレートを付けた車が目立っていた。

カサブランカの闇スーク

デルブ・ガレフ

フニデクでは、乗合タクシーやバンのトランクに「密輸」品を詰め込む人びとの姿が見られる。多くの場合、運ばれるのはビニール袋に詰め込まれた衣料品だ。セウタからフニデクに入った「密輸」品はこのようにして、車でモロッコ国内各地のスークに運ばれていく。

より組織的なものであれば、トラックで「密輸」品が各地に運ばれる。商業都市カサブランカをはじめとしたモロッコ国内の地域だけでなく、国境を越え、アフリカの他国にまで「密輸」品が渡っている。実際、私も二〇二二年に訪れたカメルーンやセネガルといった国ぐにで、セウタやフニデクでいつも見ていた毛布のパックを目にしたことがある。セネガルの首都ダカールでモロッコ人が営む店で話を聞くと、その毛布はやはり、セウタとモロッコ経由でダカールに運ばれたものだという。

「密輸」品の代表的な行先が、モロッコ一の商業都市カサブランカにある「デルブ・ガレフ（Derb

写真4-3◆
カサブランカの闇スークのデルブ・ガレフには、スペイン語や中国語表記の段ボールが積まれていた。

Ghallef)」だ。デルブ・ガレフはモロッコ最大の闇スークと呼ばれており、「密輸」品のほか偽造品や盗難品、中国製品を扱う店舗が多く並んでいる。

ラバトに住む二十代の女性は、「親からはあそこ〔デルブ・ガレフ〕には行くなと言われている」と話す。そのように、危険なイメージもたれている場所だ。偽造品や盗難品を扱うスークであることをかんがみれば、それも自然なものだろう。

とはいえ、排他的というわけではない。そこで商売をする人びとはフレンドリーで、いい意味で「客」として扱われる。もちろんスリなどの一般的な犯罪に気をつける必要はあるが、それはとりわけこのスークに限った話ではない。くだんの女性を一度連れて行ったこともあるが（なぜ私はモロッコ人にモロッコを案内しているのだろうと、ふと我に返ったことを言い添えておく）、彼女も「聞いていたイメージとは全然違った。楽しいところだ」と買い物を楽しんでいた。

デルブ・ガレフには、食料品や衣料品、靴、家具、マットレス、電化製品から本に至るまで、ありとあらゆる商品がそろっており、品物によってエリアが分かれている。彼女と訪れた週末のある日、とくににぎわっていたのが電化製品を販売するエリアだった。

ある店では、コピー用紙にカラー印刷したと思われるラベルのついたCDのようなものがきれいに並べられていた。マイクロソフトオフィスやフォトショップなど、なじみのあるソフトのロゴが目に付く。二〇一八年と書いてあるイラストレーターのパッケージを手に取って裏返すと、DVD-Rが収められていた。店員がアラビア語で「アシャラ」と声をかけてきた。アラビア語で一〇、つまりたった一〇ディルハム（約一一〇円）ということだ。一緒に行った女性は、一枚二〇ディルハム（約二二〇円）のウイルス対策ソフトを購入した。「正規品の有効期限は半年らしいけど、これは二年間使えるみたい」と声を弾ませていた。こうしたソフトの偽造品のほか、映画DVDの海賊版など、ここではありとあらゆるものが安価で手に入るのだ。

警察の見回りと賄賂

二〇一九年八月、また別の機会にデルブ・ガレフを訪れたとき、今度は食料品のエリアを歩いた。そこに並ぶ店の多くが、スペイン語表記の商品を扱っていた。トマトソースやパスタ、菓子類。店に並べられているだけでなく、それらが入っているだろう段ボールがうずたかく積まれている。「密輸」品かもしれない、と思って商品を手に取って見ていると、店主の四十代の男性に声をかけられた。

ここにあるものは、全部「密輸」で入ってきました。セウタとメリリャから。いや、うちの店だけではありません。デルブ・ガレフにある店はみんな「密輸」のものです。セウタからこうやって［荷物を担ぐジェスチャーをして、腰を曲げる］女性が担いで運んできて、そこから車でここに運ばれてきます。普通にほかの店で買うより、五～一〇ディルハムくらいは安いかな。

男性は山積みになっている商品をポンポンと手でたたきながら、自慢げに話した。のちに別の店で、スプレーで印がつけられた箱が積み重ねてあるのも見かけた。このスプレーの印は、第三章で見たとおり、「密輸」専用通路であるタラハル・ドスを通る際につけられたものだ。

「密輸」について調査していた私にとって、男性のほうからその話題を出してくれたのは好都合だった。なんとなくではあるが、自分から「この商品はどこから来たのか」と訊くのがはばかられていたからだ。男性はフランス語を話せなかったので、私はつたないアラビア語で「この商品は全部『密輸』品なんですね」と答え、気になっていたことを訊いてみようとした。

デルブ・ガレフではしばしば警察の見回りが行われ、ごくたまにではあるが「密輸」品の摘発も報じられている。そこで、「密輸」品を販売していて問題はないのかと尋ねた。男性は「警察はよく見回りに来ます。ここで『密輸』品を売っているということは明らかだから。そういうときは、こうするんです」と言い、笑顔を浮かべて握手をする仕草をした。実際に握手をするときは、こうして相手に紙幣、つまり賄賂を握らせているという。

話はそこで終わってしまった。男性はその後表情を変え、「なぜそんなに『密輸』のことを」知りたいのか？　警察のスパイか？」と疑いだした。再度学生であることを説明してもいぶかしげな目で見られ続け、それ以上話をする雰囲気ではなくなってしまった。話を切り上げてその場から離れようとしたとき、あらためて「写真は撮ってないよな」と念を押された。

いま振り返ると、男性は私のことをただの観光客だと思い、これらがすべて「密輸」品だと知ったら驚くだろうと考えて話をしてくれたのだと思う。ところが、そんな相手が思いがけず（あまりにつたないながらも）アラビア語を話し、さらには「密輸」のことも知っていて、詳しい話を聞きたがった。警戒するのも無理はない。私自身、性急に話を進めようとしたことを反省している。

この男性は、自身が扱う商品が「密輸」によって運ばれてきたことを認識していた。さらに、それを自慢げに話している様子から、「密輸」自体に対する後ろめたさや運び屋の現状への関心をそこまで抱いていないことが読み取れた。しかし、警察と賄賂に話が及ぶと、彼は途端に警戒し始めた。とくに写真を撮っていないかについては二、三度確認された。やはり自分の身に関することには敏感になるのだろう。本章では露天商と当局の攻防について触れたが、ここでも同様のことが起こっていると言える。

ちなみにモロッコでは、賄賂は非公式な問題解決のための重要な手段の一つだ。世界銀行が実施した企業調査では、「『物事が成し遂げられるように』当局に贈り物（gifts）をすることを期待された企業の割合」は、三八・四パーセントにのぼっていた[15]。これは、全世界平均や中東・北アフリカ地域平均と比較しても高い数字だ。一方、この企業調査の対象に含まれているのは、五人以上の従業員を持ち、正式に登録されたフォーマル企業に限られている。すると、本来規制のないインフォーマル経済における賄賂は、さらに重要性をもつものと考えられる。

メリリャとナドール

三つの「密輸」通路

本書では主に、セウタとフニデクの国境地帯で行われている「密輸」に焦点を当てている。一方、同様の「密輸」はもう一つの飛び地メリリャと、隣接するモロッコの地方都市ナドールの国境地帯でも行われている。これまで折に触れてメリリャの事例についても言及してきたものの、ここで一度詳述しつつ、セウタとフニデクの「密輸」との比較を試みたい。

メリリャもセウタと同様、モロッコ北東部に位置するスペインの飛び地領であり、「密輸」はメリリャとナドールの一大産業となっている。ミムーン・アジザによれば、ナドールにある「密輸」品に特化した店は、一五〇〇以上にのぼる。[16] メリリャでの運び屋の人数は、最盛期には一万五〇〇〇人だったと言われているが、近年は五〇〇〇人程度になり、そのうち女性が六割、男性が四割を占めていたという。[17]

セウタとモロッコの国境地帯では二〇一七年以降、「密輸」に対する規制が強化された。また、次章で後述するが、二〇一九年十月には「密輸」専用通路のタラハル・ドスが閉鎖された。一方で、メリリャとナドールの「密輸」はまったく同じ軌跡をたどったわけではなく、二〇二〇年三月に新型コロナウイルスの影響で国境が閉鎖されるまで、一部では容認されながらの「密輸」が行われ続けていた。

メリリャとナドールの国境地帯には、正規の一般通路のほか、三つの通路があった。大きな商品を「密輸」するためのバリオ・チノ（*Barrio Chino*）、主に車で越境するためのファルハナ（*Farhana*）、そして一般通路わきにあるモロッコ人用通路のベニ・エンサール（*Beni Ansar*）の三つだ。

本章ではこのうち、私が実際に近くまで行くことのできたバリオ・チノとベニ・エンサールの二つについて簡単に紹介することとしたい。ファルハナは時間の関係上訪れることができなかったが、地元テレビ局エル・ファロ・デ・メリリャの撮影した動画には、トランクに大量の商品が詰め込まれた車が列をなしており、その様子をスペインの警察が管理している様子が映し出されていた。[18]

規制対象となるベニ・エンサール

国境の一般通路を通ってメリリャに着くとすぐ、そのわきに卸売業者の倉庫街がある。これはセウタの倉庫街ポリゴノと同様の施設で、メリリャに輸入され、これからモロッコに「密輸」される商品

写真4-4◆
シャッターが閉まっているメリリャの倉庫街

の集積地だった。

通路の一つ、ベニ・エンサールは、メリリャとナドールを結ぶ唯一の一般通路のことを指す。しかし、この通路は途中で二手に分かれていた。観光客らも通るような一般用の通路と、査証免除の対象となるモロッコ人のための通路だ。後者は、メリリャに入ってすぐのところにある倉庫街への直通となっている。モロッコからメリリャに向かうときは、途中でスペインの警察がパスポートを確認しており、一般人は一般用の通路へ、「密輸」のために来たモロッコ人はモロッコ人用の通路へ振り分けられているようだった。

私がメリリャの倉庫街を訪れたのは、二〇二〇年三月の一度きりだ。新型コロナウイルスの影響で国境が閉鎖されるほんの数日前のことだった。ここでは運び屋に話を聞くことはできず、倉庫街を歩き、卸売業者に話を聞いた。

ベニ・エンサールでの「密輸」はセウタ同

様、当局の規制がなされていた。背中に担いで運ぶことはできなくなっており、「密輸」することができるのは一〇〇ユーロ以下の食料品に限られていたという。運び屋は食料品の入った梱を手に持って運びながら、セウタと同様の「重ね着密輸」をして衣料品などを運んでいた。卸売業者の前を通ると、ビニールテープを繰り出す音があちこちで響いており、女性がふくらはぎに貼り付けた商品を、ジュラバで隠している様子が見られた。セウタでも規制とともに「重ね着密輸」が活発化したと述べたが、それと同様の動きだ。

かつてメリリャにはさまざまな商品が集まっていたが、近年は単価の安い中国製品が中心だという。そう話してくれた卸売業者の男性は、「二五年前は日本の会社が来ていて、そこから仕入れたイミテーションのパールや電化製品を卸していました。でも今は全然です」と語り、日本人と仕事をしていた当時の写真を見せてくれた。彼の店では、今では寝具や食器などを扱うようになっていた。「今は中国ばかりになりました」。男性はそう言って、隣の店に私を連れて行った。そこは中国人経営の卸売店で、店主が暇そうに時間をつぶしていた。

経営者の陳は中国出身で、二〇一二年ごろからメリリャで卸売業を始めた。スペインでの暮らしは三〇年ほどになる。最初はスペイン南部のモトリルのレストランで働いていたが、その後メリリャに移った。陳の店には、中国製ではあるが、スペインのブランド名が書かれた毛布が並んでいた。

かつて毛布は、モロッコに多く「密輸」される商品の一つだった。しかし、セウタにおける規制に伴いメリリャでも運ぶ商品が食料品に制限されたことで、毛布の売上は厳しくなっていった。陳も、窮状にあえいでいた。

ベニ・エンサールでは警察によって毛布を運ぶことが禁止されました。毛布を運んでも、「国境で」警察に没収されてしまうのです。以前は店の外にあふれるぐらい運び屋が来ていましたが、今は全然です。スペイン人も買いに来ません。このあいだの土曜日は、お客さんが三人来たかな。でも、見るだけで出て行ってしまいました。

陳は閉店を考えているという。また、「『密輸』がなかったら、モロッコの物価も上がる」と懸念を示していた。

倉庫街では多くの倉庫のシャッターが閉まっており、「売り物件」の看板が掲げられているところも多くあった。そして、そのシャッターの前で、モロッコ人らしき人びとがビニールシートを広げ、乱雑に積み重ねられた洋服を売っていた。かつては運び屋が大挙し、大きな売上を上げていた倉庫街も、規制によって打撃を受けていた。

梱を転がすバリオ・チノ

規制の影響を受けるベニ・エンサールと異なり、堂々と「密輸」が行われ続けていたのがバリオ・チノだ。この通路は、ベニ・エンサールの倉庫街から少々離れた場所にある。メリリャ中心部からバスに乗り、終点の「バリオ・チノ国境」まで一五~二〇分ほどだろうか。着いたのは、荒野のような更地と、鉄柵に遮られた通路がある場所だった。

国境のすぐそばの倉庫街と異なり、ここはわざわざバスに乗らないと来られない場所だ。そこにいた何人かに、「何をしているのか」「危ないから帰ったほうがいい」と声をかけられた。私はグアルディア・シビル（治安警備隊）などの当局に帰れと言われないようにするため、駐車してある車の陰から遠巻きに様子を眺めるだけしかできなかった。
インターネット上の記事などを総合すると、商品はベニ・エンサールの倉庫街から、バスやモーターバイクで運ばれているという。私がバリオ・チノを訪れた日も、一定間隔で旅客用とは別のバスがやってきては、オレンジ色のベストを着た人びとが降りていた。彼らは通路を通ってモロッコ側に向かっていた。
「密輸」品の運び方には二通りあった。一つは、商品の梱を背中に担ぐもの。これは、かつてセウタの「密輸」でも見られた様相と同様のものだ。もう一つは特徴的で、四角く梱包された大きな梱を転がしながら運んでいた。一定の人数ごとにモロッコへの入国が許可されているようで、号令と思われるかけ声がかかると運び屋は荷物を転がして一メートルほど進み、しばらく待機し、号令でまた進むということを繰り返していた。荷物の内容は、ほとんどが衣料品だという。

モロッコは貧しい。そこで稼げないお金を、メリリャでは稼ぐことができます。だってメリリャで二ユーロのウイスキーが、モロッコで売ったら一〇ユーロになるんですよ？　ほかの仕事なんてできないですよ。

そう語るのは、ナドールに住む四十代のモハメドだ。「密輸」の観察をやめて水でも買いに行こうと歩き出したとき、近くにいたのが彼だった。彼は時間を持て余していたらしく、一緒に五分ほど歩いたところの住宅街にある商店に向かった。モハメドはスペイン産ビールの小瓶、私はミネラルウォ

写真4-5◆
メリリャのバリオ・チノ通路で梱を転がす運び屋たち

ーターのペットボトルを買い、近くのベンチに座って話を聞いた。

モハメドはそれまで露天商などさまざまな仕事をしていたが、二〇一七年ごろから「密輸」を始めた。彼は先ほど通路で見たような大きな荷物を転がして運ぶだけでなく、同時にウイスキーの瓶を隠して運ぶことで収入を高めていた。リュックに二本、そしてダウンジャケットの最も下の膨らみに二本を通していた。たいていこのようにして、一回で計四本のウイスキーを運ぶ。ウイスキー一本あたりのモハメドの取り分は、六ユーロだという。一回で四本運べば、ウイスキー分だけで二四ユーロの収入になる。当局に見つかり、賄賂を渡したこともなかったわけではないが、普段はあまり気づかれずに運んでいるという。こうして、バリオ・チノを通ることができる月曜から木曜まで、毎日「密輸」をしているという。

セウタ―フニデク間では曜日ごとに男女で通

行が分けられていたが、メリリャ－ナドール間ではそうではなかった。性別ごとに見てみると、大多数を占める男性が荷物を転がして運んでいたのに対し、女性はそれより比較的小さな荷物を背中に担いで運んでいた。ＡＰＤＨＡによれば、セウタに比べてメリリャでは警察組織や運び屋と商人の関係がより柔軟であり、暴力も少ないという[19]。

セウタとの違い

規制の対象となったセウタ－フニデク間やベニ・エンサールの「密輸」と異なり、バリオ・チノでは以前とそこまで変わらぬかたちで行われ続けていた。それはなぜなのだろうか。その疑問を、スペインとモロッコ側の有識者にそれぞれ投げかけてみた。

「モロッコの人権アソシエーション（ＡＭＤＨ＝Association Marocaine des Droits Humains）」ナドール支部のオマール・ナジ副代表は、次のように説明する。ＡＭＤＨナドール支部では、移民や難民、「密輸」といったメリリャ国境で起きる問題について取り組んでいる。

フニデクはまだましなほうです。「フニデクからほど近い」国際都市のタンジェとも近く、まだ産業がある。タンジェは、カサブランカに次ぐモロッコ第二の港ですから。でも、ナドールのあるオリエンタル地方は、本当に何もない地域です。だから政府も、ナドールに対しては厳しくできないのでしょう。

ナドールの位置するモロッコ東部のオリエンタル地方は、アルジェリアとの国境に近い地域だ。フ

図4-1◆貧困率[%]

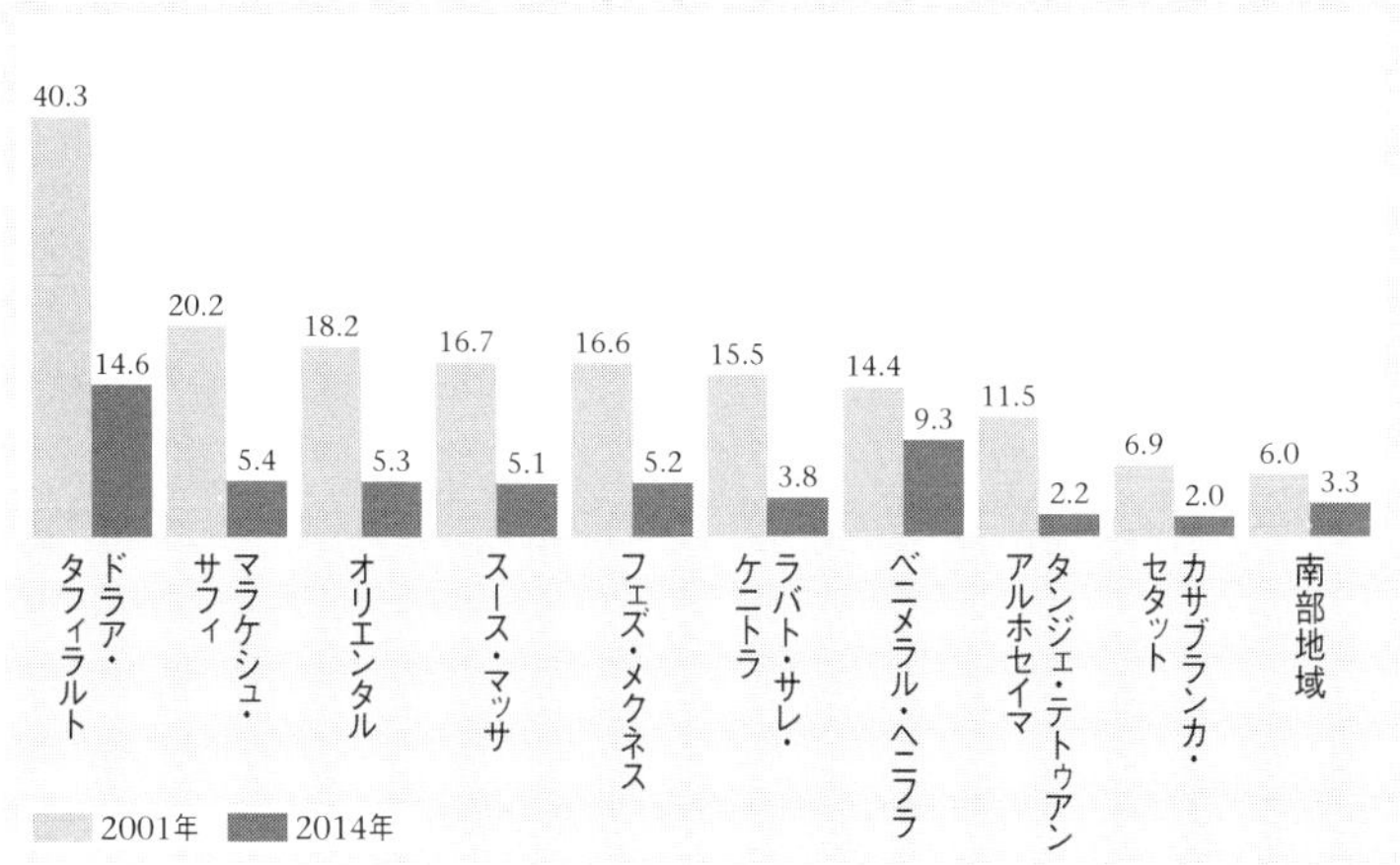

出所:MATNUHPV(2018)をもとに著者訳。

ニデクのあるリーフ地方と同様、民族的マイノリティであるベルベル人の多い地域であるものの、フニデクよりさらに周辺化された地域とされている。アルジェリアとの国境ではかつて、ガソリンなどの密輸が行われていたという。

政府の統計を見ても、二〇一四年の貧困率はフニデクの位置するタンジェ・テトゥアン・アルホセイマ地域が二・二であるのに対し、ナドールのあるオリエンタル地方では五・三と高くなっている。カロリーヌ・ガルモは「ナドールは隣接するメリリャからの『密輸』のおかげで豊かさを得られている」と指摘するが、やはりここでも「密輸」が人びとを生かしていることがわかる(20)。

一方、スペイン側からは別の論理での説明も聞かれた。以下がスペイン国立通信教育大学メリリャ校のホセ・メヒアス・アスナル元事務局長と、APDHAのロサド・カロ氏の回答だ。

セウタはアルヘシラスからたった一四キロの

距離にあります。しかし、メリリャは最も近いマラガから二二〇キロも離れています。そのような地理的要因から、セウタにはメリリャよりも多くの商品が入ってきています。だから、顕在化しやすいのです[21]。

やはりセウタはスペイン本土にも近い。だからスペインにとっても、メリリャよりもコントロールしやすいのです[22]。

まとめれば、セウタとメリリャの「密輸」の違いは、国境を有する地域の貧困率と、スペイン本土との距離によって生み出されていると言える。ナドールはフニデクよりもさらに周辺的な地域としてとらえられており、スペインからも遠い。そのような理由によって、セウタでの「密輸」に規制がなされた後も、メリリャの一部では変わらぬかたちで「密輸」が行われ続けていたのだ。

第五章

根絶をめざすモロッコ

根絶に向けての舵取り

これまで、セウタとモロッコの国境地帯で「密輸」がどのように行われてきたかについて描いてきた。本章を始める前に、ここまでの流れをいったん振り返っておきたい。

シャトル貿易として始まった「密輸」は、パトロンと呼ばれる密輸業者の参入を経て規模が拡大し、組織化・分業化が進んだ。その結果生まれたのが、運び屋というアクターだ。運び屋として働くのはほかの選択肢が乏しい貧困層の女性が多くを占めていた。彼女たちは家族を養うための手段として「密輸」に従事していた。一方、運び屋の死亡事故や衝突が相次いだことを機に、それらをなくすことを目的に「密輸」に対して人道的観点からの規制が行われるようになった。そうして「密輸」は当局の管理下で行われるようになったが、それは運び屋の収入を減らすことにもつながっていた。

方向転換

そんななか、モロッコは二〇一九年十月、方向転換を行う。それまで長年容認してきた「密輸」の根絶をめざすと発表し、「密輸」専用通路であるタラハル・ドスを即座に閉鎖したのだ。第二章で触れたように、モロッコはこれまで「密輸」が何十万人という人びとの生活の糧となっている事実をかんがみ、社会秩序の安定のため容認し続けてきた。それにもかかわらず、方向転換をした背景には何があったのだろうか。本章では、モロッコが「密輸」の根絶に舵を切った経緯と、人びとがそれにどのように対応したのかを見ていきたい。

「モロッコが「密輸」の根絶を発表した」あの日、いきなり「今日から通路が閉まる」と聞きました。事前の相談も説明も、何もありませんでした。何も知らされていなくて、今日から閉まるって言われても……混乱だらけでした。それまで「倉庫街の」ポリゴノには、一日三〇〇〇人から四〇〇〇人くらい来ていたと思います。でも、それがぱったりなくなりました。二一年間ここで仕事をしていますが、今はカオスです。

セウタで卸売業を営んでいた五十代男性のアハメドは、当時のことをそう振り返る。

突然のタラハル・ドスの閉鎖の背景には、二〇一八年七月から十月にかけて行われたモロッコの十数人の衆議院議員の調査ミッションによる現地調査で、「密輸」の実態が明らかになったことがある。この現地調査は、相次ぐ死亡事故を受け、モロッコ側が動き出したものだった。「密輸」の悪影響については以前から、税率の低いセウタからの商品の流入が国内市場を損ねるといった問題が指摘されていたが、スペイン領からモロッコに流入する商品は一〇〇億ディルハム規模にのぼっていたという[1]。「密輸」の根絶への方向転換は、国産品の競争力の向上をめざしたものだった。

一方的な決定

たしかに「密輸」はモロッコ人による営みだ。管見の限り、それまでもモロッコとスペインが「密輸」に対して協力するということはなく、二国はそれぞれの領土内で、それぞれの対応をしていた。それでも、なぜスペイン側との事前協議、それどころか事前通達すらなく、モロッコはタラハル・ドスを閉鎖したのだろうか。

そんな疑問を口にした私に、モロッコの有識者の一人はにやりと笑い、心なしか声を潜めて話した。

スペインはモロッコになにも言えません。欧州の安定はモロッコが握っています。なにかあれば、移民がセウタに流入しますから[2]。

スペイン側でも、ＥＵが移民に関する国境管理をモロッコに外部化していることを念頭に、次のような声が聞かれた。

これ「モロッコの一方的な決定」はモロッコによる移民政策の「副作用」です[3]。

第一章では、モロッコが移民やテロリストの存在を「外交カード」として使っていると批判されていることについて述べた。そして実際に、モロッコは西サハラ問題に関連して、セウタに移民を送り込んでもいる。

これらの言説からは、スペインや欧州にとって重要な移民問題においてモロッコがもつ役割の大きさや、モロッコが移民を「外交カード」として利用していることで、スペインとモロッコのパワーバランスに変化が生じていることが如実に読み取れる。そのような二国間関係が、モロッコとスペインで越境的に行われていた「密輸」に対しても影響を与えていたのだ。

窒息するセウタ

セウタへの衝撃

モロッコの決断は、セウタで驚きをもって迎えられた。とくに大きな影響が及んだのは、「密輸」に依存していたとも言える倉庫街のポリゴノだ。最盛期には八〇〇とも言われていた卸売業者の多くは閉鎖を迫られた。

その直後にポリゴノを訪れることはかなわなかったが、ようやく調査で訪れることができた二〇二〇年二～三月、多くの店のシャッターが閉まっていた。半年前の調査で連絡先を交換した男性の食料品店も閉まっており、無料通信アプリのワッツアップで連絡をとってみると、数日後に返信がきた。その男性は専用通路のタラハル・ドスの閉鎖後ポリゴノを離れ、セウタの中心部、セントロで車の整備工として働き始めていた。

かろうじて開いていた店で話を聞くと、その時点で営業を続けているのは二〇軒ほどだという。ポリゴノで二一年間卸売業者を営んでいるアハメドの店では、文房具や食器、子ども向けの玩具といった生活雑貨を扱っていた。スペインやモロッコによる規制が始まった当時、「密輸」が許可される食料品や衣料品ではなかったことから売上が伸び悩んでいたが、モロッコがタラハル・ドスを閉鎖したことで、いっそう打撃を受けた。

運び屋が来ていたころは、一日に二〇〇〇～三〇〇〇ユーロを売り上げたこともありました。でも今は、［一日］三〇ユーロほどに落ちました。一日に一人か二人、客が来るかどうか。それに、さっきの［買い物をしていった］客を見てもわかるでしょう。買ってくれるのはガムやペンといった小物だけ、せいぜい数ユーロ。これじゃ、電気代のほうが高い。

インタビューは、アハメドの卸売店の店頭で行った。アハメドはレジにいて、私はその向かいで話を聞いた。彼の商売の邪魔をしないよう、店に客が入ってきたときはインタビューを中断し、私は店内を見て回った。リュックサックや食器、アルバムという雑貨を見ながら、規制前に運び屋が運んでいた梱の中にはこういったものもあったのだろうかと考えた。一時間ほど話を聞いたが、中断したのは一度だけだった。

かつては運び屋が日々大挙して商品を購入していたほか、週末にはカサブランカやラバト、フェズからの観光客も訪れていた。しかし、タラハル・ドスが閉鎖されてからは、運び屋だけでなく観光客も一気に訪れなくなったという。たまにセウタの住民が客として訪れるものの、それまで卸売業として店を営んでいたことを考えれば、個人客の買い物はたかが知れている。私自身も、食器などを購入してもバックパックに入らないので、取り急ぎ必要だった修正テープや電池、そしてアハメドと分けて食べるための菓子を買うのがせいぜいだった。

国境［タラハル・ドス］が閉鎖し、私たちは食べていくこともできなくなりました。解決策など、何もありません。

店の物件の賃貸料は月三〇〇〇ユーロ。その支払いも厳しくなり、ずっと雇用していた三、四人の従業員を解雇し、インタビューした二〇二〇年三月当時、一人で操業していた。そのような状況になったのは今回が初めてだと、アハメドは嘆いた。

アハメドの店の隣で食料品店を営む四十代男性のオマールも、窮状にあえいでいた。彼の店舗では主に、飲料や菓子類といった食料品を扱っていた。レジが置かれているカウンターには、「重ね着密輸」に使うためのビニールテープも置かれていた。「重ね着密輸」で服の下に隠して運ぶのは衣料品だけでなく、食料品もだ。それでも服の下に隠せる食料品はたかが知れている。

［二〇一九年］十月にタラハル・ドスが閉鎖され、そのせいでここの経済は死にました。運び屋はスニーカーを一足運ぶだけで没収されていると聞きます。仕事もない、客もいない、人すら来ない。変化ばっかり。光熱費や水道代、保険料が払えなくなっています。一六年間この仕事をしてきたのに、今さらほかの仕事をどうすればいいのか。モロッコには仕事もないし……。

オマールも、セウタに暮らすモロッコ系移民二世だ。セウタにいても、「密輸」がないなら仕事がない。モロッコに帰ったとしても仕事がない。そんな八方塞がりの状態に陥っていた。

オマールの店を出て物陰で話の内容をメモしていたとき、シャッターを半分下ろしていた向かいの店から出てきた男性が、私に向かって険しい表情で何やらまくし立ててきた。言葉がわからず戸惑っていると、その声を聞いたアハメドが外に出てきて、男性と話をつけてくれた。男性は少しいぶかしげな目で私を一瞥してから、店に戻っていった。

「ジャーナリストだと思われていましたよ」

アハメドは私にそう言った。そして、私が研究のためにポリゴノの現状を調べていることを説明してくれたという。状況の変化を受け、ポリゴノで生きる人びとがセンシティブになっていたことがうかがえた。

内向きの場所

第四章では、セウタの国境周辺の地域、そしてそのなかでもポリゴノには、エスニック・エンクレイブが形成されていることを指摘した。ここで定義を再掲すると、エスニック・エンクレイブとは、特定の文化的あるいは国家におけるマイノリティの一員が運営しているエスニック企業が集中している一定のエリアを指す。そして、企業の労働力も同一のエスニック集団から供給されていることが特徴の一つだ。

ポリゴノには、もちろん外国の卸売業者も多く入居していたものの、モロッコ人やモロッコ系による企業がほとんどだった。そして、そこで働く人びとも、商品を「密輸」する運び屋も、みなモロッコ人やモロッコ系ばかりだ。

スーザン・オルザックはエスニック・エンクレイブについて、「エンクレイブの経済的繁栄は、エンクレイブ外にどれだけの顧客が確保できるかにかかっている」と指摘している(4)。つまり、いかに「同胞」以外の客がいるかが重要なのだ。

たとえば、フランスの首都パリの中心部のオペラ地区は、「日本人街」とも言われている。ラーメン屋をはじめ日本食料理店が軒を連ね、日本食材や日本語の本を並べる店もある。私もモロッコで暮らしていたころは、パリに行くと必ずオペラ地区に向かい、ラーメンや餃子を食べて心を潤していたものだ。とはいえ、その一帯は日本人だけを相手にしているわけではない。日本食ブームもあり、フランス人や観光客も多く訪れている。フランスでマイノリティである日本人だけを対象にしていればどうしても限界があるが、それがホスト国の人びとに受け入れられれば、大きなチャンスとなるのだ。

それでは、セウタのポリゴノはどうだったのか。ポリゴノの当時の所有者組合長は、スペインの人権団体APDHAのインタビューに次のように語っている。

運び屋によってこの倉庫街の評判が落ちています……。ここは誰にでも開かれている場所なのに、セウタの人たちは買い物に来ません。運び屋［の仕事の時間帯］が終わってから開く、スーパーマーケットのような建物もあるのですが(5)……。

ポリゴノには、「エンクレイブ外」の客はほとんどいないようだった。実際、私もタラハル・ドス閉鎖前の二〇一九年八~九月、閉鎖後の二〇二〇年二~三月に複数回にわたってポリゴノを訪れたが、少なくとも出会ったのはモロッコ人ばかりだった。たまに欧米人と思われる人びとに出会うこともなくはなかったが、運び屋が商品を運ぶ様子を、少し遠巻きに笑って見ていたのが印象的だった。組合長の言葉を借りれば、運び屋の非人道的なイメージや群衆の混沌とした様子が、一般のスペイン人、つまりエンクレイブ外の顧客を遠ざけていたものと言える。

ポリゴノがほかのエンクレイブと異なるのは、エンクレイブの中に地理的な国境線が引かれていたことだと考える。つまり、ポリゴノが依存していたエスニック集団が、近隣とはいえ国境を挟んだモロッコに暮らすモロッコ人だったのだ。そのため、国境政策がひとたび変われば、ポリゴノは否応なしに顧客の大半を失うことになる。これがもし同じセウタに暮らすモロッコ人やモロッコ系移民であれば、ダメージもここまで大きくなかったはずだ。

「密輸」根絶の発表とそれによるタラハル・ドスの閉鎖により、ポリゴノは「エンクレイブ内だが国境を隔てたモロッコ」からの主要顧客を失うこととなった。しかし、ポリゴノには「密輸」のイメージがついてしまっているため、「同じ国にあるエンクレイブ外」の顧客を呼び込むことも困難だった。それは大きな痛手となり、セウタの地元メディアは繰り返し、「密輸」根絶の発表後のセウタの経済に関して「窒息」という言葉を使って報じている。多くの卸売業者が閉店という決断をしたのも、エンクレイブ内の顧客にのみ依存していたポリゴノの脆弱性が露呈したものと言えるだろう。

運び屋の生存戦略

「何もない」国境

セウタとモロッコの国境地帯で三〇年近くに渡って行われてきた「密輸」は、多くの人びとの生活の糧となっただけではなく、国家をも巻き込み、地域にとっての一大産業にまで発展していた。スペインは規制を行い、従事者の人権を保護しながら継続しようとしてきた。しかし、モロッコが二〇一九年十月に根絶をめざして専用通路のタラハル・ドスを閉鎖して以降、「密輸」に依存してきた多くの人びとが生計手段を奪われることとなった。

フニデクには、国境しかありません。なのに、国境ももう閉まっちゃって……フニデクにはもう何もない。何も。

運び屋として働いていたトゥーリアと話していると、彼女はそうぼやいた。

第二章では、フニデクにスペインとの国境があり、そこで「密輸」という営みが行われていることで、仕事のない農村部だけでなく大都市部からも人びとが移住してきたことを指摘した。「密輸」が運び屋にとって搾取的なものであり、暴力や暴行などの人権侵害がまかり通っていたことは動かしようのない事実だ。それでもさまざまかたちで「密輸」に関わる人びとだけでなく、搾取される運び屋にとってさえも重要なものとなっていたこともまた認めなければいけない。

国境は変わらずそこにある。しかし、欧州との交差点、「密輸」の拠点という機能を失った国境は、それに依存して暮らしていた人びとにとっては無を意味していた。

「密輸」の運び屋に対して、死傷事故の防止や身体的負担の軽減を目的とする人道的観点からの規制が行われたことは第三章で触れたが、それでも運び屋のもつインフォーマル性、つまりなんら法的保護の対象にもならない状態は変わらなかった。運び屋はそのような状態でスペインの規制に対応してきたが、今度はモロッコの根絶という決断を受け入れなければならなかった。

タラハル・ドスの閉鎖により、「密輸」ができなくなった運び屋の多くは生まれ故郷に帰ったという。フニデクのバスターミナル近くには真新しいアパルトマンが立ち並んでいたが、ほとんどが空室と化していた。二〇二〇年二月に町を歩いたときも、外壁にスプレーで「売家」と書かれた建物が増えていた。このことからも、多くの人びとはこれまで「密輸」に従事するためだけにフニデクで暮らしていたことがうかがえる。

フニデクを離れ、新しい土地で生活を始めた人もいた。もう一つの飛び地、メリリャとナドールの国境地帯で「密輸」をしていたモハマドは、モロッコの決定以降、セネガルの首都ダカールに居を移した。彼はもともと、アルジェリアとモロッコの国境地帯でガソリンの密輸に携わっていた。こちらは、括弧付きではない正真正銘の密輸行為だ。しかし、二国間関係の悪化によりアルジェリアとの国境が閉鎖されてからは、メリリャの「密輸」の運び屋として働き始めたという。そして、メリリャの「密輸」さえもできなくなった後は、親族を頼ってダカールに移住し、母の経営する小売店で販売員として働いていた。

それでも、生まれ故郷に帰ったり、新天地を見つけたりすることができた人びとばかりではない。フニデクに生まれ、そこで長く暮らしてきた人びともいれば、事情があって帰れない人もいる。フニデクに残った運び屋は、そこでどのように暮らしていたのだろうか。

「密輸」を継続する

「重ね着密輸」の継続

スペインによる規制強化の帰結として、商品を隠して運ぶ「重ね着密輸」が本格化したことは、第三章ですでに明らかにした。スペインの規制は人道的観点から行われ、どちらかというと「密輸」を認めるものであったが、一方でモロッコによる専用通路のタラハル・ドスの閉鎖は、規模縮小・根絶をめざす締めつけの観点からの規制ととらえられる。しかし、それはすでに一般通路で行われていた「重ね着密輸」まで縛るものではなかった。そのため、タラハル・ドスの閉鎖以降も、一般通路を通って商品を運び続ける人びとがいた。それまで女性が通行できる曜日はタラハル・ドスを利用し、そうでない曜日には一般通路で「重ね着密輸」を行っていたトゥーリアも、その一人だ。

前はたくさん運んでいましたが、今は少しだけ。毎日のように国境に行くこともできなくなって、もう全然稼げなくなりました。タンジェででも、ホテルかレストラン、それか裁縫の仕事を探しています。(6)

トゥーリアのように、タラハル・ドスの閉鎖後、運び屋は「重ね着密輸」をするために一般通路を通ってセウタに行くようになっていた。スペインがタラハル・ドスを設けた背景の一つとして、運び屋の混沌とした様子を一般の旅行客から隠すためという目的があったものの、それが閉鎖されたことで、いったん隠されていた運び屋がふたたび一般通路に殺到することになったのだ。

とくに午前中はモロッコ側からセウタへの入国を待つモロッコ人の列は一キロ以上にもなり、国境の入り口付近の広場を越えて幹線道路にまで伸びていた。私自身も越境のためその後ろに並ぼうとすると、周りのモロッコ人たちが身振りで進むよう示し、はるか前方にいたモロッコの警察にも手招きをされた。こうして私は列に並ぶ何十人ものモロッコ人たちを追い越し、一般通路を進むことができた。いわゆる一般の通行人とモロッコ人のあいだに、通行に関して異なる措置が講じられていることがうかがえた。
モロッコ人は、全員が全員セウタに渡れるわけではないようだった。地図上でちょうど国境線が引かれている辺りでは、モロッコ側からセウタに入ろうとした数人のモロッコ人が、モロッコの警察官との会話の後、モロッコ側へ引き返している姿も見られた。トゥーリアは毎日のように国境に行くことができなくなったと語っていたが、これはこのように、当局の恣意的な対応が起こっていたものだと考えられる。
トゥーリアは、「重ね着密輸」をすることで当面の食い扶持を稼いでいた。しかし、離れて暮らす娘のための送金には十分とは言えなかった。そこで、自身が幼少期を過ごしたタンジェで別の仕事を探し始めていた。彼女が例に挙げたホテルやレストランの仕事というのは、掃除婦のようなジェンダー化された仕事であり、低賃金だ。第二章では、ジェンダー化されたインフォーマル経済では十分な稼ぎを得られなかった女性が運び屋として働いていたことを明らかにしたが、規制強化により、「重ね着密輸」はもはやそれよりも稼ぎが得られない仕事と化していたことがわかる。

運び屋はかつて、一日一〇〇〇ディルハム稼いでいたこともあります。でも、今はせいぜい一週間で四〇〇ディルハム程度。生活は苦しくなっています。

乗合タクシーの運転手のムラドは、タラハル・ドスの閉鎖後の運び屋の状況について、このように説明する。ムラドは「重ね着密輸」で運ばれてきた商品をトランクに載せ、モロッコ国内で運搬している。話を聞いたこの日も、自身の運転するタクシーを国境付近の路肩に停め、運び屋の帰りを待っ

写真5-1◆
一般通路でセウタに渡ろうとするモロッコ人が検問所の入り口付近を埋め尽くしている。

ているところだった。

ムラドは暇を持て余していたようだ。彼は私を助手席に座らせ、国境の喧噪を眺めながらとりとめのない話をした。ずっと国境の辺りに立っていると不審がられ、居心地の悪さを覚えてしまうので、落ち着ける場所ができて正直ありがたかった。

セウタから戻ってきた運び屋の女性たちが、私たちが腰かけたタクシーの前で足を止めた。ジュラバをまくり上げ、その下に着込んでいた商品を外し始めた。重ね着していたズボンを数枚脱いで、その下にまた重ね履きしていた下着を脱いでいく。別の女性は、胸に何重にも重ねたブラジャーを外している。そして女性たちはそれらの商品を待機していた男性たちに渡し、金を受け取っていた。

つい目を背けてムラドのほうを見ると、彼はあざけるような笑みを浮かべながらその様子を眺めていた。「国境の女性の暮らしについて研究している」という私に対し、つい先ほどまで運び屋の生活の苦しさを憂える言葉を発していた彼の姿とは対照的だった。

タラハル・ドスが閉鎖されたことで、こうして運び屋の姿はふたたび可視化されることになった。これはモロッコ側だけでなく、セウタ側でも同様だ。セウタ側では、国境の一般通路すぐそばのバス停付近の広場や海岸で、何十人ものモロッコ人が商品を身に着けるために集まっていた。そして、モロッコ側でも運んできた商品を外す人びとが、国境からの唯一の移動手段であるタクシーが連なる場所に集まっていたのだ。

賄賂を挟んで

別のかたちで一般通路を利用する人もいた。

五十代男性のサイードは、セウタで購入した毛布を「密輸」し、路地の一角にビニールシートを広げ、そこで一枚二五〇ディルハム（約二八〇〇円）で販売していた。サイードにはのどの病気があり、うまく声を出すことができない。そのため、フォーマル・セクターの仕事が見つけられないと話していた。また、路地の向かい側では、配偶者のドリシアも同様の露店を広げていた。

私も妻も、これまでディワナ［アラビア語モロッコ方言で国境の意］が開いている日は運び屋をして、そうでない日はここで毛布を売っていました。だけど、今はもうディワナが閉まってしまったから……大体ここで毛布を売っています。でも、私はときどきセウタに行って、これ「毛布」を運んでもいます。

毛布の「密輸」は、かつては多くの運び屋によって行われていたが、二〇一八年ごろにはすでに禁止されていた。しかしサイードはそれ以降も車でセウタに渡り、シートの下やトランクに隠して運び続けているという。毛布は洋服に比べて単価が高いものの、かさばるため「重ね着密輸」で運ぶことはできない。それでもフニデクには、毛布を売る露店が少なくない。小売業者として毛布を販売していた四十代女性のナイマも、自身の扱う商品について「トラックでセウタから運ばれたものだ」と説明した。このように、車で一般通路を通って商品を運ぶ「密輸」も続けられているのだ。

一般通路の検問所で、モノの移動に関連してとくにモロッコ人の荷物が調べられやすいことはすでに述べた。車はなおさらで、当局が一台ずつ入念にチェックしているため、常に大渋滞が起きている[7]。少し触れたように、モロッコからセウタに行く場合は車のトランクの中に「非正規」移民が隠れていることもあるし、セウタからモロッコに行く場合でも、麻薬や向精神薬などを所持していれば検挙の対象となるからだ。

車内に毛布を隠していてちゃんと通れるのかと尋ねると、サイードはきれいに畳まれた売り物の毛布を手元に引き寄せ、ポケットから紙幣を出して隙間に挟んだ。

たいていこうやって、仕込んでおくんですよ。まあ、直接手渡すこともあるけど。警察が車内をチェックしたとき、あれ、毛布だ、ダメなものを運んでいる、となるでしょう。でも毛布を調べたら、警察はそこに紙幣が挟まっているのを見つける。それを抜き取らせて……そしたらほら、行っていいぞ、となるんです[8]。

フエンテス・ララは「密輸」をする際の賄賂について、モロッコの付加価値税と関税がそれぞれ二〇パーセントであることを考えれば、いくらかの賄賂を支払ってそれが上乗せされたとしても、「密輸」品が正規輸入品の額を越えることはないと指摘している(9)。

サイードが毛布に挟み、警察に抜き取らせる賄賂の額は、一回あたり二〇～二五ユーロ相当額だという。モロッコの物価感覚からすると安いものではないが、毛布一枚分相当の額だと考えるとそこまで高いわけでもないのだろう。

サイードのように車で商品を運び、賄賂を渡しながら「密輸」をするためには、当然のことながら車と運転免許、そして賄賂として渡すための金が必要になる。そのため、誰もができるものではないことを付言しておきたい。

別のインフォーマルな経済活動に従事する

物売り

二〇二〇年二月、ムラドのタクシーの助手席に座って国境の人混みを眺めていたとき、バケツに菓子を入れて売り歩く物売りの男性がタクシーに近づいてきた。適当にあしらおうとしてその男性を見ると、それは二〇一九年夏の一度目のフィールドワークで知り合ったムハンマドだった。

私は二度目のフィールドワークでもムハンマドから話を聞きたいと思っていたが、彼がいつも店を広げていた通りに行っても会うことができず、当時交換した電話番号もつながらなくなっていた。半ば諦めていたものの、偶然にも再会を果たすことができ、彼も私の顔を見ると「久しぶり」とパッと笑顔になった。ＳＩＭカードが失効して以前の電話番号が使えなくなっていたという。

再会したムハンマドは、物売りとして働くようになっていた。妹が作ったモロッコ菓子をバケツに入れ、それを国境のモロッコ側で売り歩くのだ。単価は一ディルハムで、ターゲットは国境付近で休憩したり、グラン・タクシーの人数が集まるのを待ったりしているセウタ帰りの「重ね着密輸」の運び屋だ。再会のうれしさと相まって、ムハンマドから買った菓子のハチミツの甘味が心をほっとさせた。

すでに触れたように、査証免除のモロッコ人は全員が全員セウタに入れるわけでもなかった。その理由は恣意的であり、なぜ入れなくなったのかは本人でさえも知らされていないようだった。ムハンマドもその一人だった。

あるとき、パスポートの顔写真のページにスタンプが押されて……それからセウタに入れなくなりました。禁止されたものを運んでいたわけでもないのに。理由はよくわかりません。「その日チェックを担当する」警察次第なのかも……。通らせてくれる警察もいるから、優しい人を選ぶようにしなければなりませんでした。

それまでは「優しい人を選」んでセウタに行っていたムハンマドは、タラハル・ドスの閉鎖後はまったくセウタに入れなくなった。相変わらず理由はわからないという。もともと国境に行かない日は露天商をしていたが、その売上も安価な中国製品の流入などによりどんどん減っていた。そこで菓子を売り始めた。菓子を作る妹の存在があってこそだが、ムハンマドはバケツ一つで新しい仕事をするようになったのだ。それでも、表情は浮かない。

菓子を売っても一日二〇ディルハムぐらいにしかなりません。それでも、ないよりはましだから[10]……。

ムハンマドは遠くを見つめたままそう言って、諦めたかのような笑みを浮かべた。

当時五十二歳のムハンマドは、配偶者と三歳・二歳の子どもたち、そして姉妹と暮らしていた。八歳のときに学校を辞め、生まれ故郷のメクネスから親族のいるフニデクに引っ越したという。大人になってからは、しばらくカサブランカやアガディール、ウジダ、サイディアといった国内の都市を転々として仕事を探したり、運び屋の仕事をしたりしていたが、十分に稼げなかったため三十代のときに「非正規」移民としてセウタに渡った。

スペイン、フランス、ベルギー、イタリア、そしてスイス。セウタから欧州に渡り、欧州でずっと働いていました。オリーブやブドウ、ニンニクやトマトを収穫する農夫です。でも、ハシシ［大麻］でつかまって、強制送還されました。

そうしてフニデクに帰ったのは二〇一七年ごろ。それはちょうど、スペインが「密輸」に対する規制を設け始めたころだ。ふたたび運び屋として働き始めたものの、かつて一日に二〇〇〇ディルハムにのぼることもあった稼ぎは四〇〇〜五〇〇ディルハムになり、物売りをするようになってからは二〇ディルハムに下がった。「もう三カ月、家賃を払っていない」と声を落とした。

収入を完全に失う

財産の切り売りと家族からの支援

運び屋のなかには、「密輸」ができなくなったことで収入が完全に途絶えた人びとも見られた。そのような人びとは、自身の財産を切り売りすることで食いつないでいた。

もうかなりの人たちがフニデクを去りました。多くの人たちが家を売って……不動産を売って食べています。

そう話す四十代女性のファーティマは、夫と離婚してから四人の子どもたちを一人で育てるシングルマザーだ。六歳のときから出身地のフェズの絨毯工場で働いており、十分な教育を受けておらず、「これしかなかった」ため一九年ほど前から運び屋の仕事を始めた。運び屋としての収入で子どもを育てながら、少しずつ貯めてフニデクに小さな家も購入していた。それでも、タラハル・ドスが閉鎖されてからは、ムハンマドと同様、セウタに渡れなくなったという。ほかの仕事も見つかっていない。

パンを買うために、七歳の子どものジャケットを売りました。子どもに泣かれて……それがつらかったです。光熱費が払えないと、電気がすぐに止められてしまうので、光熱費を払うために冷蔵庫を売ってしまいました[11]。

フニデクを管轄する電気・水道公社は、一度支払いが遅れるだけで即座に供給を止めることで知られている。ファーティマとのインタビューを通訳してくれた案内人の男性も、「いまフニデクには、電気も水道も通っていない家が多い」と語った。

ファーティマの語りからは、仕事がなくなって電気や水道といったインフラを維持することはもちろん、その日のパンを買うためにも所持品を切り売りしなければならないほど、困窮した生活ぶりがうかがえる。

運び屋として経験した暴力によるストレスは、彼女の健康も害していた。かつて購入した家は、自身の癌の治療費のためにすでに売り払ってしまった。今も心臓の病気に罹っている彼女は、週二日通院し、月に八〇錠の薬を飲んでいた。薬代もばかにならない。

インタビューを行った二〇二〇年二月末当時、すでにタラハル・ドスの閉鎖から五カ月が経過していた。インフラの維持やその日の食料への支出をなんとか工面していたファーティマだったが、その間ずっと家賃を支払うことができていなかった。滞納し続けており、大家からはすでに立ち退きを迫られているという。

そんな彼女の暮らしを支えるのは、家族からの支援だった。

フェズに住む母に野菜を送ってもらい、やっと食べています。それでも子どもにお菓子を買ってあげられないから、同級生の友達と違うと言って、子どもは学校に行きたくないと言うようにもなりました[12]。

とくに離婚後の女性の生活について、トゥーリア・フーサムは仕事と家族の支援という二つの要素がその困難さを和らげると指摘している[13]。一方、離婚がスティグマ化されるという理由から、離婚後に家族に援助を求めることができない女性も多いという[14]。

インフォーマル経済の「密輸」からも追いやられたファーティマは、家族から食料の支援を受けることで生活の困難を多少なりとも和らげていた。それでも、食料の支援だけではその日を生きることだけで精一杯で、状況が容易には好転しないことは自明だ。

施しを受けて

「施しを受けてやっと食べている状態」と語るのは、四十一歳女性のザキーヤだ。メクネス出身のザキーヤは、離婚後の仕事を探してフニデクに引っ越してきた。そうして運び屋を始めたのが二〇一五年のことだった。娘はすでに二十一歳となり、ザキーヤはフニデクで一人暮らしをしている。

「スペインの規制強化」以前は、週に四回ディワナ［国境］に行っていました。でも規制が行われるようになってからは、週に二回に。その後、行っても「今日は駄目」と警察に言われるようになりました。そういう日は、時間が無駄になるだけでした。

かつては一日に八〇〜九〇キロの食料品を運び、二五〇〜三〇〇ディルハムの収入を得ていた。しかし、タラハル・ドスが設けられ、一日の人数や運べる商品が制限されたことにより、一〇〇ディルハムを下回るようになった。それでは食べるものにも事欠くようになっていた。その後、タラハル・ドスが閉鎖され、一般通路でもセウタに渡れなくなったことで、その一〇〇ディルハムの収入さえ得られなくなった。

ザキーヤは声を強めた。

今はイスラームの施しを受けて、なんとか食べている状態です。これからどうなるか、想像すらできません。食べるものもない。家賃も払えない。生活の手段が何もない。［政府が］何か決めるのなら、運び屋のことをもっと考えてほしい。

商品化された困窮経験

セウタとモロッコのあいだで行われている「密輸」は、たびたびモロッコ国外のメディアでも取り上げられていた。二〇二〇年三月にも、モロッコがタラハル・ドスを閉鎖した後の運び屋の状況を取材しようと、中東のメディアがフニデクを訪れている。ほかにも、スペインはもちろん、フランスやドイツといった欧州の国ぐにでも「密輸」の問題は報じられていた。

しかし、第二章で触れたように、運び屋の女性の多くはアラビア語モロッコ方言しか解さない。そのような状況で、外国メディアに対して運び屋の女性を仲介し、通訳を行うことで報酬を得ている男性がいた。知人の紹介を複数介して知り合った男性は、セウタ在住のモロッコ系スペイン人だった。

彼はアラビア語モロッコ方言とスペイン語を話した[15]。

男性は自身が紹介する運び屋の女性への謝礼について、次のように語った。

運び屋の女性への謝礼は、一〇〇ユーロです。女性は離婚していて四人の子どもたちがいて、仕事もなく、食べるための手段がなにもありません。それに、現状について本当のことを話すことはモロッコ当局と問題になることもあり、大きなリスクなのです[16]。

男性が提示した一〇〇ユーロという金額は、フニデクでは一カ月分の家賃に相当しうる額だ。謝礼というよりはむしろ、対価としてみるほうが適切だろう。女性にとって自らの困窮経験について語ることが、収入を得るための手段となっていることがわかる。先述のファーティマは家電や衣類といった所有物を切り売りしていたが、この女性は自身の経験を商品化し、切り売りしていたと言えるのではないか。

彼女が運び屋として外国メディアの取材を受けようとするとき、この男性のように、メディアにつながるコネクションをもち、プロほどではなくても簡単な通訳ができるくらいの語学力を持った仲介人の存在が不可欠だ。しかしそれは逆に言えば、運び屋の女性が外国メディアと直接会話できる言語能力をもたないことを仲介人が利用している構図と解釈することもできる。実際この男性も、自身が調整や同行、通訳を行うことに関して、別途一五〇ユーロの謝礼を設定していた[17]。

この女性を取り上げた外国メディアのルポルタージュでは、彼女が元配偶者の男性から暴力を受けて離婚し、四人の子どもを育てるためにやむなく運び屋として働いていたこと、そして生存戦略としての運び屋の仕事もなくなり困窮していることが描かれている。彼女のエピソードは、「密輸」の問題の深刻さを伝えるための、ルポルタージュの核として位置づけられていた。

西欧の先進国のメディアにとって、取材費としての計二五〇ユーロという金額はそれほど高いものではないのだろうと思われる。一方、インタビューを受けた運び屋の女性は、それによって一カ月分の家賃に相当する収入が得られるのだ。自身の困窮経験に値段をつけて商品化し、それを売ることが、この女性にとって「密輸」に代わる新たな生存戦略となっていたことがうかがえる。ここにも、先進国と途上国という非対称性を見ることができる。

中村香子はアフリカの民族文化観光において、「貧困」や「苦境」といった状況それ自体が商品化されるようになっていることを指摘する。[18] 中村が調査したドモノック村（仮名）には、配偶者の暴力などから逃れた女性たちが集まっていた。話を聞こうとすると、インタビュー料として三万円の支払いを求められたという。

そして、くわしい話が聞きたければ三万円を支払えば代表のSさんがインタビューに応えるという。安価ではない価格設定であるが、欧米などのメディアのジャーナリストやスタディツアーで来訪するグループなどにとっては支払う価値は十分にあるようだ。［中略］ドモノック村の女性たちそれぞれがもっている「ストーリー」は、破格のインタビュー料を稼ぎ出すだけでなく、うまくいけば個人や支援団体から寄付を受けたり、開発援助組織による自立支援プロジェクトの対象となったりする。こうした支援は、時として入村料や装身具の販売といった観光収入とは比較にならない金額となるのである。[19]

中村はこの論文の中で、観光客が無意識のうちに求めるステレオタイプ的なイメージに応えるように、女性や子どもの「苦境」そのものが商品かつ観光資源になっていることを指摘する。そこでは女性たちは、自分自身の状況を整理して「ストーリー」を構成することで、インタビューの謝礼を得たり、自身の販売する装身具に付加価値をつけたりしているのだ。「ストーリー」は複雑な事情を反映するものではなく、「家庭内暴力」「強制結婚」「ＨＩＶ孤児」といったキーワードを使った、観光客にとって「わかりやすい」ものだという。

中東・イスラームの女性の研究に関しては、近年、西欧中心主義の価値観によって中東・イスラームの女性を一律に被抑圧者と見なすまなざしに対する批判が高まっている。そのようなまなざしは、エドワード・サイードの『オリエンタリズム』にならい、ジェンダー・オリエンタリズムと言われる。鳥山純子は、「西欧中心主義的なジェンダー観に異議を唱えるだけ」でなく、「非第三世界と比べて何重にも多く、権力性を孕んだ外在的なイメージに晒される、そうした環境で周辺化された人々の個別の声に耳を傾け、その実態を格差という視点から理解するための営為と捉えられるべき」だと指摘している。[20]

ドモノック村の女性たちが自身の「ストーリー」を作って収入を得ていることは、このようなジェンダー・オリエンタリズム的なまなざしを逆手に取ったものだと理解できるのではないか。「ストーリー」で重要視されていたのは個別の経験や事情よりもむしろ、オリエンタリズム的なまなざしをしがちな観光客にとってわかりやすいキーワードだったからだ。セウタでは組織立って行われていたわけではなく、個人レベルの生存戦略だったと思われるが、ここでも女性の苦境というエピソードが商品となっていたように思われた[21]。

コロナ以降の国境

新型コロナウイルスによる国境閉鎖

「密輸」の根絶が発表されてから五カ月後の二〇二〇年三月、モロッコは新型コロナウイルス対策として、セウタやメリリャとの陸路を完全に閉鎖した。水際対策に関しては、自国民、居住者、外国人といった地位に応じて差をつけていた国もあった一方で、モロッコは自国民であっても越境を許可しなかった。この閉鎖も突然のものであり、それによって数百人のモロッコ人がセウタやメリリャに取り残されることになったという。

すでに閉鎖されていたタラハル・ドスだけでなく、国境の一般通路までもが閉鎖され、国籍による例外もなく通行が遮断されたことで、トゥーリアやサイードがしていたような「重ね着密輸」や車での「密輸」が事実上ゼロになった。「密輸」品が入ってこなくなったことで、モロッコ側の小売業者も「もう何も売るものがない」と悲鳴を上げたという[22]。運び屋はもちろん、商人といった「密輸」で生計を立てていた人びとも、ほかの仕事をしたり、収入がなくなったりという状況に追いやられた。

二〇二〇年四月のフランスのメディアの報道によれば、モロッコは新型コロナウイルスにより影響を受けたインフォーマル経済の従事者がいる家庭に対し、月八〇〇～一二〇〇ディルハムの支援をすると発表した。また、家賃や水道・光熱費の支払いに対して猶予が設けられたほか、貧困層への食糧援助も行われた。このような財政援助は、約四三〇万世帯が対象となり、予算規模は四一億ディルハム（約四六二億円）に上っていたという。[23] フニデクで一部の運び屋に対するインタビューの通訳をしてくれた男性によると、新型コロナウイルス以前に実質的な失業状態にあった運び屋の女性たちも、この支援の対象となったという。

国境の一般通路が再開したのは、二年以上経った二〇二二年五月のことだ。その際、これまで査証なしでセウタに入国することができていた周辺住民も、査証を取得しなければならなくなった。越境労働者のうち、査証が取得できるのはセウタでの労働契約をもつ人びとなどに限られていた。[24]

その後も公式には、「密輸」は禁止されている。スペインの報道を引用したメディアによれば、それでも個人的な購入のように見せかけてセウタからモロッコに商品を持ち込もうとする人びともいるという。[25] とはいえ、監視はそれ以前よりもはるかに厳しくなっている。本書では「密輸」を黙認・容認期、管理期、根絶期に分けて論じてきたが、このうち根絶期は、規制をすり抜けるかたちで「密輸」が行われていたコロナ前と、事実上「密輸」が行われなかったコロナ後では、様相は異なる。

「密輸」をほぼ終わらせるに至ったのは、その根絶をめざしたタラハル・ドスの閉鎖ではなく、感染症の拡大防止をめざして人の移動を制限した国境閉鎖という水際措置だった。タラハル・ドスを閉鎖するだけでは、抜け道を探せば、なんらかのかたちで「密輸」をし続けることができる。たとえ「密輸」を犯罪化したとしてもなくすことができないことは、明確に違法とされる密輸行為が世界中にはびこっていることを考えれば明らかだ。その意味で、新型コロナウイルス対策としての水際措置が「密輸」根絶に一役買った理由は、やはり例外なく人の移動が禁止されたことに尽きるだろう。

運び屋の視点から見れば、この水際措置は「重ね着密輸」や賄賂を使って「密輸」を続ける人びとの生活の糧までをも完全になくすことにつながった。それまで人道的観点から行われた規制によって収入が減少していた運び屋は、今度は根絶をめざす規制によってより周辺的な経済活動に追いやられ、さらに水際措置によってそれらも失うこととなった。規制そのものがもつ目的にかかわらず、規制がなされればなされるほど、従事者の再周辺化が起こっていたのだ。

フリーゾーンの建設

この「密輸」がモロッコで長年容認されてきた理由として、直接的には四万五〇〇〇人、間接的な人びとも含めれば四〇万人が携わっており、それが一定の社会秩序の安定に寄与しているという点を、これまで指摘してきた。このことをふまえれば、「密輸」の根絶をめざすことで、数万から数十万人規模の人びとが困窮するだろうことは容易に想像できていたはずだ。それでは、根絶に方向転換したモロッコは、その点についてはどのように考えていたのだろうか。

根絶を発表した二〇一九年十月、モロッコは「密輸」停止後の従事者への代替案として、既存の枠組みである「人間開発に係る国家イニシアティブ(INDH = Initiative Nationale pour le Développement Humain)」を活用し、国境周辺への企業誘致により雇用機会を提供するとしている。INDHは、貧困対策や地域間・社会的格差を是正するための措置として、二〇〇五年にムハンマド六世国王によって発表された[26]。当初五カ年計画として始まり、二〇一九年から二〇二三年は第三フェーズと位置づけられている。

「密輸」の代替案としてフニデクに建設されたのが、「フニデク経済活動区(ZAE = Zone d'Activité Economique de Fnideq)」だ。これは保税倉庫などを備えるフリーゾーンで、新型コロナウイルスの影響により建設が遅れていたが、二〇二二年四月に開業した。敷地面積は一〇ヘクタール以上で、二億ディルハム（約二二億円）が投資された[27]。開業から一年余り経った二〇二三年四月の地元ニュースによれば、開業以降の売上高は三億七八〇〇万ディルハム（約四一億五八〇〇万円）に達したという[28]。投資を呼び込み、地域経済の活性化を図るため、この経済活動区では関税規制が設けられている。企業は三〇日間の関税支払い期間の猶予があるため、税金が課されるより前に商品を販売できる。雇用も生まれ、開業直後の二〇二二年五月の報道によれば、一〇〇〇の正規雇用と二〇〇〇の臨時雇用が見込まれていたという[29]。

フニデクからほど近い地方都市マルティルには、欧州から輸入された古着のリサイクルを行う企業が設立された。そこでは五六〇人以上の「元運び屋」の女性が雇用されているという。その女性の一人は、メディアのインタビューに次のように語っている。

私たちは以前、路上で眠り、多くの困難に直面する苦しむ女性でした。しかし今は、私たちは法律のもとで働き、社会保障の恩恵を受けています。児童手当もあります[30]。

運び屋の女性たちはこれまで、インフォーマル経済のなかで働いてきた。この企業に雇用されたことで、フォーマル経済に吸収されたことになる。

別の報道では、同様の古着のリサイクル会社で、元運び屋の女性が企業との雇用契約書にサインをしている様子が映し出されている。記事によれば、すべての人びとが期間の定めのない契約を結んでいるという[31]。そのうちの一人は、次のように話している。

かつて、私たちは想像を絶するような苦しみのなかにあり、その日のパンを買えるかも定かではありませんでした。そのような状況は一〇年間続いていました。今は、かつてのような［国境での］押し合いやその他の虐待からは離れ、決まった労働時間があり、立派な仕事をしています(32)。

元運び屋の女性たちは、フニデク経済活動区で仕事を得られたことで、それまで得られなかった法的保護や社会保障といった労働者としての権利へのアクセスが可能になった。労働時間も定められ、国境で経験していた暴力からも離れられた。かつて運び屋として奴隷のように働いていた日々と比べて、彼女たちが人間としての尊厳を取り戻す機会となったと言える(33)。

もちろん、すべての運び屋が恩恵を受けているわけでなく、失業状態が続いている人びとも少なくないだろうことは容易に想像できる。そのような人びとの姿はメディアに取り上げられていない。フニデク経済活動区に包摂された人びとだけでなく、そうでない人びとについても目を向けていく必要がある。

終章

運び屋として生きること

「密輸」の終焉

セウタとモロッコの国境地帯に暮らす多くの人びとにとって、「密輸」は三〇年あまりにわたって、生活の糧を得るための唯一の手段だった。スペインやモロッコの当局からの介入がありながらも、その都度かたちを変え、人びとはなんとか国境を利用しようとしてきた。それを終わらせたのは、根絶をめざすための規制ではなく、くしくも新型コロナウイルスの流行だった。

あらためて振り返るが、「密輸」は国家の公式の貿易ではない。インフォーマル経済の一種として、これまで国境を接するスペインとモロッコの二国から黙認・容認されて行われてきた。規模の拡大に伴い、運び屋に対する人権侵害が深刻化したことで、両国は介入を迫られた。そこで最初に設けられたのが、運び屋の労働環境を改善するための規制だ。それだけでもインフォーマル経済に対する規制としてはあまり多くはないものではあるが、その規制の存在により、「国家が『密輸』を管理する」という矛盾した状況が生まれたと言える。

本書の冒頭では、この「密輸」を「貧困層の女性が従事する、国境地帯におけるインフォーマルな越境貿易」と位置づけ、インフォーマル経済、国境、女性という三つの視点からこれまでの研究の蓄積を概観し、本書での論点を提示した。終章では、これまでの議論をまとめ、本書での回答を示していきたい。

規制と再周辺化

まず論じたいのが、インフォーマル経済に対して人道的観点からの規制が行われた場合、それが従事者にどのような影響を及ぼすのかという点だ。

主に第三章で述べたが、「密輪」では運び屋の死亡事故が相次いだことを受け、「密輪」専用通路の整備が行われ、その運用規則として運ぶ荷物の重さや方法などについてのルールが定められた。そのような規制は、それまで運ぶ商品の量と質に応じて得ていた収入の減少を招き、運び屋はその補塡のため、「重ね着密輪」などより周辺的な営みに追いやられていた。

このことからわかるのは、人道的観点からの規制であっても、常に意図せざる結果を生み出す危険性をはらんでいるということだ。「密輪」では、規制によって運び屋はたしかに身体的負担の軽減を経験することができた。一方、規制のために十分な収入が得られなくなり、より周辺的な営みによって金を稼ぐ必要が生じたことで、彼らがより脆弱な立場に身を置かざるをえなくなったのだ。言い換えれば、人道的観点からの規制が逆に従事者の再周辺化を招いたと言える。

先行研究では、インフォーマル経済に対して規制を行うことそれこそが、インフォーマルな活動が生じる条件を生み出しうることが指摘されていた(1)。ここでの規制とは、インフォーマル経済との関係で一般的な根絶や規模縮小をめざすための規制が想定されている。一方、それは人道的観点からの規制がなされていた「密輪」でも同様だった。専用通路のタラハル・ドスでの「密輪」が規制によって制限されたことで、一般通路を利用する「重ね着密輪」が活発化した。また、カート貸しなど、規制に付随して新たなインフォーマルな営みも生まれた。規制の目的の如何を問わず、抜け道を探し、どうにか規制をすり抜けようとする試みが、人びとの日々の生活のために行われていたのだ。

二国に翻弄される人びと

次に考えたいのは、インフォーマル経済の従事者に越境者という属性が加わることが、どのような意味をもつのかという点だ。

第三章で見たように、二国間で行われてきた「密輸」に対してなされた規制は、そのほとんどがスペインによるものだった。スペインは運び屋の人権を守りながら、「密輸」を継続させることをめざしていたからだ。しかし、スペインが主な規制主体である一方で、規制の対象となる運び屋はモロッコに生活の拠点を置くモロッコ人だ。セウタで過ごすのはせいぜい一日のうち数時間程度であり、商品を手に入れて運ぶなどセウタでの行為は、一連の「密輸」の流れのうちの一部にすぎない。それにもかかわらず、主にスペインが規制を行うという状況があった。

「密輸」の問題について調査したモロッコの衆議院議員団によるミッションが二〇一九年十二月に発表した報告書によれば、「女性の状況を改善するためのすべての試みが、密輸業者［パトロン］によって搾取されていた」という。[2] たとえば、女性が背中に大きな荷物を担いで運ぶ姿が非人道的であるとして、スペイン当局は二〇一八年四月、運搬の際にカートを利用することを義務づけた。それによって運搬量が平均五〇キロ増加したというが、運び屋へのインタビューによれば、背中に担いでいたときと収入は変わらないか減っていた。運搬量が増えれば、利益も増えるはずだ。その差額は、パトロンに入っていたとみられる。

さらに、カート貸しが登場したことを振り返っても、運搬に使うカートを借りたり、場合によっては購入したりするために経費がかかるようになった。この経費が運び屋負担であれパトロン負担であれ、いずれにせよ末端の運び屋の報酬の減少を招くこととなった。これに関しては、セウタが二ユーロの通行チケットを導入したことについても同様のことが言える。

運び屋はスペインとモロッコという二国の規制を受け、それに逐一対応せざるをえなかった。スペインがより人道的にすることで継続をめざす姿勢だった一方、モロッコはいずれなくしたいと考えているものの、やむなく容認する姿勢を取っており、二国の規制はそれぞれの立場からなされたものだった。そのため、運び屋は先を見通すことができず、場当たり的な生存戦略しか取れなかったのではないかと考えられる。

「密輸」という越境的な現象は、人の移動を伴うものであるが、送り出しと受け入れの二項対立でとらえることができない、二国が相互に連関する場で行われているものだ。田所昌幸は「国境を越える人の移動が、個別の国家の自由な裁量によって管理されている限り、異なった国家の間で両立不可能な政策目標が追求される可能性が存在する」[3]と指摘する。「密輸」では、推進（スペイン）と根絶（モロッコ）という、二国で相反する目標が掲げられていた。田所は「もちろんこういった政策の不調和は、何らかの国際的合意をあらかじめ取り結ぶことで回避できる」[4]と続けている。「密輸」というインフォーマルな営みには、そのような合意はなかった。

二国が共通認識をもたないことのひずみは、従事者に及んでいた。もし二国が志を同じくして「密輸」に向き合い、セウタだけでなくモロッコでも運び屋の労働環境を改善するための取り組みを行っていれば、少しは状況が改善されたかもしれない。しかし、「密輸」が二国に与える非対称な影響を考慮すると、それは難しいと言わざるをえない。背景にあるモロッコの失業や貧困といった社会問題、そしてインフォーマル経済の従事者としての脆弱性が解決されることなく規制がなされたことにより、人道的観点からの規制が逆効果を生み出したものととらえられる。

一方、モロッコとスペインのパワーバランスの変化も、従事者の生活を一変させた。スペインが主導的に規制を行っていたころは、先進国―途上国、旧宗主国―旧保護領というどこか紋切り型の二国間関係があった。しかし、移民問題などの「外交カード」を背景に二国間関係に変化が生じたことが、モロッコによる「密輸」の根絶という方向転換につながったと言える。序章で引用した日下部京子の指摘をもう一度引用すれば、「国家による介入の度合いが時々で大きく変容することから、常に国家の管理下にある首都近郊よりも国家との関係性の変化をより敏感に感じ取りやすい(5)」のが国境地帯だ。その変化の影響を大きく受けたのが、越境しながら暮らしていたインフォーマル経済の従事者だったのだ。

女性への影響

最後に、ジェンダーの視点からの考察をしたい。これまで、女性だけでなく男性の運び屋の語りも紹介してきたが、貧困層の女性が多くを占める運び屋という仕事に、失業や貧困といった影響により、男性の参入も見られていた。そのことは、女性にどのような影響を及ぼしたのだろうか。

「密輸」専用通路のタラハル・ドスが使われていた二〇一七年当時、モロッコ当局は体力差などを考慮して性別で通行できる日を分け、週二日ずつ「男女平等」に割り振った。それにより、男性も女性も「密輸」ができる日が半減し、その分収入が失われることになった。

ムハンマドやサイードといった男性の運び屋は、タラハル・ドスが通行できる曜日は運び屋の仕事をし、そうでない曜日は露天商をしていた。

一方、トゥーリアをはじめ女性の多くは、タラハル・ドスが通行できない曜日には「重ね着密輸」を行っていた。二〇一九年九月に倉庫街のポリゴノを訪れたところ、男性の曜日であっても多くの女性が「重ね着密輸」のため訪れ、商品の入った袋を持っていた。女性の曜日にもそのような男性の姿は見られたものの、圧倒的に少なかった。

なぜ女性のほうが「重ね着密輸」をする人が多かったのか。第二章では、商品を隠して運ぶときには女性のほうが疑われにくいという先行研究の指摘を紹介したが、それだけではないはずだ。インフォーマル経済にも階層があり、下方移動は容易に起きえても上方移動が困難であることを考えると、露天商などほかに選択肢がある男性に比べ、女性の選択肢が非常に限定されていることがその一因ではないだろうか。

男性にとっては、運び屋は複数の選択肢のうちの一つであり、「サバイバルのためではなく、金を稼ぐため」[6]だった。さらに、運び屋の仕事が制限されたとき、露天商をするなど平行移動・上方移動の可能性もあった。ナドールでウイスキーを運んでいたモハメドは、実入りの良さから「ほかの仕事なんてできない」と話していた。困窮状態にあったとはいえ、カート貸しを始めたアブドゥリッラーや、露天商や物売りをするムハンマドの例もある。男性にとっては、ほかの仕事を失ったときに運び屋をする、ほかの仕事の合間に運び屋をするというふうに、運び屋は選ぶことのできる一つの選択肢だった。

しかし、女性にとっての「密輸」は、「ほかに選択肢がないから」始めたものだった。また、ジェンダー規範という障壁により新たにそれ以外の仕事を見つけることは容易ではなかったため、「重ね着密輸」というより周辺的な行為に従事せざるをえない女性が多かったと考えられる。このような男女差は、インタビューをした運び屋のなかで、タラハル・ドスの閉鎖により収入が完全に途絶えた人びとが女性に偏っていたことからもうかがえる。ファーティマとザキーヤは、「重ね着密輸」をすることができず、ほかの仕事も見つからないため、所持品を切り売りしたり、施しに頼ったりしている状態だった。

インフォーマル経済の特徴の一つとして、参入障壁の低さが挙げられている。小川さやかはタンザニア北西部の都市ムワンザでのフィールドワークで、「一つの仕事で失敗しても、何かで食いつなぐ」という個人単位の生計多様化、そして「家族の誰かが失敗しても、家族の誰かの稼ぎで食いつなぐ」という世帯単位の生計多様化を行っている夫婦を取り上げた(7)。インフォーマル経済に従事する人びとが、参入障壁の低さを利用してさまざまな仕事を渡り歩くことで生計を立てる姿を描いたものだ。これは、露天商と運び屋を兼業したり、行き来したりするムハンマドらの姿に重なる。

一方、運び屋として働いていた女性たちは多くの場合、小川のいう個人単位と世帯単位の生計多様化を実現することはできなかった。運び屋の仕事ができなくなってもほかの仕事に転身するのは容易ではないし、家族の誰かの稼ぎに頼れないからこそ運び屋として働いていたからだ。このことから、インフォーマル経済の特徴として挙げられている参入障壁の低さは、イスラーム教社会など一定の社会的文脈では、男性に限られることがうかがえる。

あるいは、小川が描写した世帯単位の生計多様化を行っている夫婦のように、男性の庇護があれば女性の可能性が開かれることもあるだろう。このことは、夫婦で運び屋と露天商をしていたサイードとドリシアや、男性通訳を介して困窮経験を語っている女性の例からも見て取れる。しかしそれも結局のところ、男性の権力性を前提とし、女性を男性の付属物と見なす家父長的なジェンダー構造そのものだ。たとえ男性の庇護によって女性の地位向上が見られたとしても、それは男性の権力性のおこぼれにしかすぎず、女性を一人の人間として見なしているとは到底言えない。

運び屋の仕事は、商品を運ぶだけの単純労働だ。ノウハウなどもほとんど必要なく、人的資本や社会関係資本、経済資本を蓄積することもできないため、女性たちは後から参入してきた男性に対して先発者としての優位性を得ることもなかった。生計手段の一つとして運び屋の仕事を始める男性が増え、規制が強化されたことは、元から唯一の生計手段として従事していた女性の機会が奪われることにつながっていた。

「密輸」を研究すること

「あなたは学生なんですか？　運び屋の女性たちはみんな貧しくて、明日のパンを買うためにあの仕事をしているんですよ……」

二〇一八年五月、セウタの国境近くで男性に話を聞こうとしたところ、そんなことを言われた。男性は国境近くの路上で、旅行者を相手にユーロをディルハムに両替することをなりわいとしていた。いわゆる闇両替商だ。

道端で挨拶をして、名前を言い合った後、なぜセウタにいるのか、普段は何をしているのかを訊かれた。当時は大使館の仕事をしていたが、あまり言いふらすことでもないので、「アラビア語の学生」と答えた（それは嘘ではなく、私はそのころ実際にアラビア語のマンツーマンレッスンに通っていた）。そこで先ほどの発言だ。自分がなんと答えたのかはよく覚えていない。

「日本からモロッコに来るには、飛行機代はいくらかかるのか」「日本の大学院の学費はいくらなのか」「いくらのホテルに泊まっているのか」――。

この男性だけではない。ふとした拍子にそんな質問を受けるたび、正直に回答したときの相手の反応が容易に想像でき、憂鬱になった。自分は相手に対して、現在どれほどの収入があり、どれほどの窮状なのかをつぶさに訊いているというのに。ムハンマドは、物売りで得られる一日の稼ぎは二〇ディルハム（約二二〇円）ほどだと話していたが、私はその二〇倍以上の値段のホテルに泊まっていた。

ホテルに帰り、行き場のない思いを抱えながらスマートフォンを触っていると、ある論文に行きついた。それは、文化人類学や社会学で用いられてきたフィールドワークという技法に対する批判と展望について論じたものだった。

一九二〇年代から行われてきたフィールドワークは、現地の社会構造の理解に寄与することに成功した。また、現地に溶け込むことでその文化を理解できるという研究者の自負をも生んだという。一方、多くの批判も呼んだ。次に引用するのは、一九六〇年代のフィールドワーク批判だ。

調査される側に立つのは、つねに開発途上国の人々であり、調査する側に立つのは欧米や日本の学者であった。この両者の関係が逆転することはない。それは強者と弱者のあいだの固定的で不平等な関係だった。(8)

その批判は、一九八〇年代後半にさらに強くなる。

調査される者とする者のあいだの不平等は、たんに一方が政治・経済的に優位にある先進国の人間で、他方が貧しく従属的な開発途上国の人間であるというだけではなかった。フィールドの現実を切り取る概念やそれを表現する語彙と文体、そしてそれらを生み出す知識の回路すべてが、フィールドワーカーが属する社会のなかにすでにインプットされていて、民族誌はそれを参照することによって次々に再生産されているだけだというのである。発想、観察、分析、記述、理解といった一連の知の体系は、すべて一方的に調査する側が握っている。(9)

調査対象者からの他愛のない質問に感じたある種の居心地の悪さは、インタビューに協力してくれた運び屋と自分の非対称性、そして自分の権力性を突きつけられたことへの戸惑いだったのだと思う。一方で、調査のなかで、私はアジア人の女性であるという理由から、自分の属性の被差別性も痛感していた。とくに二〇二〇年二〜三月の調査では、普段のキャットコールに加え、毎日五度は「コロナ」と叫ばれ、あるときは付きまとわれ、嘲笑された。権力性と被差別性という、一見相いれないようなその二つが、自分の中に同居していることを認めなければならなかった。

本書では、三〇年間にわたって行われてきた「密輸」を、自身の限られた調査をもとに描いてきた。「密輸」の初期やコロナ以降の調査を行うことはできなかったし、運び屋を搾取しているとされるパトロンの状況についてもたどり着けなかった。そもそも言葉の壁もあり、話を聞くことができた人びとの属性も偏っていた可能性もある。その意味で、本書の内容はあくまで私の「発想、観察、分析、記述、理解」に基づいた「密輸」の描写にすぎない。その範囲内でという留保付きではあるが、「密輸」という営みのなかで何が起こっていたのか、その背景にどのような構造があったのかをここまで論じてきた。

在野を含めれば五年あまりの「密輸」研究のなかで何度も痛感したのは、「密輸」という現象が一国境地帯の営みにとどまるものではないということだ。その意味としては二つある。一つは、営みそのものが国家や世界の論理を吸収し、反映する場となっているということだ。そしてもう一つは、背景にある失業や貧困、二国間のパワーバランス、そして家父長制に基づく女性抑圧的なジェンダー構造といった要因が、程度の差こそあれ、万国に共通しているということだ。

セウタとモロッコの国境地帯では、このような社会的、経済的、政治的、外交的課題が組み合わさり、「密輸」というかたちで表出していた。それはたしかにこの地域の事情によるものではある。一方で、この国境で「密輸」が行われなくなっても、もしくは「密輸」が行われていない地域でも、共通する構造が存在し続ける限り、別のかたちを取って発現するだけだろう。そのため、問題の表象だけではなく、根源となる構造に向き合っていくこと、そして政策による意図せざる結果が起こることを常に想定し、それを防ぐための方策を検討していくことが求められるだろう。

あとがき

モロッコで行われる予定だった映画祭で「密輸」をテーマにした映画の上映が禁止された、というニュースを見たのは二〇二〇年三月初旬、セウタでの調査を終え、国境を越えてモロッコ側のフニデクに戻った日のことだった。

当時はちょうど、イタリアやスペインで新型コロナウイルスが猛威を振るい始めたころだ。越境しようとした私はモロッコのイミグレーションで止められ、担当官が私のパスポートを見てどこかに電話をかけ始めた。ほかの人たちはスムーズに進んでいたので、スペインの滞在歴ではなく、私がアジア人だったことが引っかかったのだろう。私は別室に連れて行かれたが、非接触体温計で三三・八度をたたきだすとお役御免となった。そうしてようやくホテルに帰り、ほっとしてから見たのが先のニュースだった。

新型コロナウイルスの影響で延期されたものの、モロッコでは二〇二〇年三月二十一日から二十八日までの予定で、「テトゥアン国際地中海映画祭」が開催される予定だった。この映画祭で上映されるはずだった『バブ・セウタ（*Bab Sebta*）』（二〇一九年、フランス・モロッコ）と『太陽の下の場所

（*Une place sous le soleil*）』（二〇一九年、モロッコ・フランス）という二本の映画が、プログラムから外されたとのことだった。これらの映画は、「密輸」に関わる運び屋や露天商をテーマにしていた。報道によれば、映画祭の主催者は『バブ・セウタ』の監督に対し、「セウタの状況が緊迫しており、モロッコとスペインの関係が改善していないため、意に反して映画をキャンセルしなければならなかった」と説明したという。

同時期には、「密輸」専用通路閉鎖後の運び屋の状況を取材していた外国メディアが、政府の許可を得て取材を行っていたにもかかわらず、フニデクの地元当局にカメラを没収されるという出来事も起こっていた。

本書で「密輸」をインフォーマル経済として見てきたとおり、この営みは犯罪と断言できるようなものではない。長らく一つの選択肢として、セウタとフニデクの国境地帯に当たり前のように存在してきた。それでも、やはりセンシティブな問題なのだ。これらの出来事から、あらためてそのことを痛感させられた。

検閲のニュースに加え、新型コロナウイルスの状況も日に日に悪化していた。私がメリリャからナドールに入国した三日後には、スペインの飛び地領からモロッコに陸路で越境することが禁止された。その後も続々と各国で水際対策が取られた。もともと予約していたアブダビ経由の帰国便の日程変更が厳しくなったので、帰国を前倒しするため新たにドーハ経由の片道航空券を購入して飛び乗った。飛行機の座席に座ってスマートフォンを開いた瞬間、「モロッコはすべての国際フライトを停止する決定を発表した」というニュースが流れてきた。間一髪だった。

「密輸」について調べ始めたのは、運び屋への暴力を目にした二〇一八年五月のことだった。楽しくできるようなものではなかった。メディアが報じている記事や動画を見ては、現実の重さに葛藤し、自分の無力さを痛感することの繰り返しだった。わからないことが多すぎて、「密輸」の全貌に迫ることができたとは思っていない。研究としても勉強不足な点は少なくない。それでも多くの方々に支えられ、こうしてかたちにすることができた。世界でさまざまな国境政策が見られるなかで、もし本書がなんらかの視点を提示することができるとしたら、うれしく思う。

コロナ禍以降、「密輸」を取り巻く環境は大きく変わった。フニデクに住むモロッコ人はセウタへの越境に関して、それまで必要のなかった査証を取得しなければならなくなった。セウタとフニデクの国境には、歴史上初めて商業用税関が設置されることで合意されている。ニュースを読む限り、もう「密輸」は行われていない。

移民や難民の通り道であり、人やモノが行き来する拠点でもあったこの国境は、「密輸」の拠点という機能をなくしたことでその性質が変化しつつある。そのことは、国境地帯に暮らす人びとにどのように作用するのだろうか。ポスト「密輸」の国境を考え続けることが、今の自分にとっての課題となっている。

＊

本書は、二〇二一年一月に一橋大学大学院に提出した修士論文および、既発表論文「インフォーマル経済に対する人道的な規制と再周辺化――モロッコ・スペイン領セウタ間の『密輸』の事例から」(『アジア経済』二〇二二年六三巻四号、三三～六〇頁)をもとに、新たな内容を書き加えるなどして、大幅に改稿したものだ。

本書のもととなる修士論文、論文の執筆にあたっては、小井土彰宏先生、小林多寿子先生、森千香子先生にご指導をいただいた。やりたいテーマはある、しかしどう進めればよいのかわからない、といった状態からなんとかかたちにすることができたのは、ゼミや面談を通して先生方やゼミ生のみなさまから多くの有益なご助言をいただいたおかげだ。

また、書くことの意義や楽しさ、難しさを教えてくれた古巣の新聞社の方々、現地での調査にあたってサポートをしてくれたモロッコの同僚や友人、原稿を読んで感想をくれた友人や家族、多くの方々に支えていただいたからこそ、ここまで研究を続けることができている。白水社の阿部唯史さんには、日本ではあまりなじみのない地域やテーマにもかかわらず、原稿に興味をもっていただき、きめ細やかなサポートをしていただいた。この場を借りて、お世話になったみなさまに感謝を申し上げたい。

そして何より、調査に協力してくださったフニデク、セウタ、ナドール、メリリャの方々。とくに運び屋として働いていた方々には、プライベートに立ち入るような質問にも答えていただき、感謝してもしきれない。近い将来、再会できることを祈っている。

二〇二四年二月

石灘　早紀

索引

た行

な行

は行

ま行

ら行

注

はじめに

（1）Ferrer-Gallardo, Xavier, 2008, "Acrobacias fronterizas en Ceuta y Melilla: Explorando la gestión de los perímetros terrestres de la Unión Europea en el continente africano," *Documents d'Anàlisi Geogràfica*, 51.

（2）Asociación Pro Derechos Humanos de Andalucía（APDHA）, 2016, "Respeto y dignidad para las mujeres marroquíes que portan mercancías en la frontera de Marruecos con Ceuta," Cadiz: APDHA.

（3）通常、運び屋はそのままporteuses（仏・女性形）、porteadoras（西・女性形）などと呼ばれる。一方、とくに運び屋の状況を伝えるルポルタージュなどでは、その深刻さを強調するためか「ラバ女」（femmes-mulets・仏、mujeres mulas・西）という語が用いられる。なお、女性だけでなく男性の運び屋もいるものの、一般的に女性形で語られることが多い。

序章◆「密輸」を研究する

（1）インフォーマル経済の統一的な定義はないが、国際労働機関（ILO: International Labour Organization）によれば、「法または実務上、公式の取り決めの対象となっていないか、公式の取り決めが十分に適用されていない労働者及び経済単位の行うあらゆる経済活動（不正な活動は含まない）」とされる。この概念の始まりは、ILOが1972年に発表したケニア・レポートにさかのぼる。当初、露天商や日雇い労働者といった不安定な都市雑業層を「インフォーマル・セクター」と定義していた。その後、セクターという用語では流動的な現象をとらえきることができないとして、2002年のILO第90回総会でインフォーマル経済という語が使用された。International Labour Office（ILO）, 1972, *Employment, Incomes and Equality: A Strategy for Increasing Productive Employment in Kenya*, Geneva: ILO.

（2）ILO, 2018, *Women and Men in the Informal Economy: A Statistical Picture. Third Edition*, Geneva: ILO.

（3）Chen, Martha Alter, 2007, "Rethinking the Informal Economy: Linkages with the Formal Economy and the Formal Regulatory Environment," DESA Working Paper, No.46.／――, 2012, "The Informal Economy: Definitions, Theories and Policies," WIEGO Working Paper, No.1.／Portes, Alejandro and William Haller, 2005, "The Informal Economy," Neil J. Smelser and Richard Swedberg eds., *The Handbook of Economic Sociology, Second Edition*, Princeton: Princeton University Press.

（4）Castells, Manuel and Alejandro Portes, 1989, "World Underneath: The Origins, Dynamics, and Effects of the Informal Economy," Alejandro Portes, Manuel Castells and Lauren A. Benton eds., *The Informal Economy: Studies in Advanced and Less Developed Countries*, Baltimore: The Johns Hopkins University Press.

（5）インフォーマル経済を単純に貧困と結びつける流れに異を唱えた研究もある。アレハンドロ・

ポルテスらは、ただ生存的あるいは搾取的なものではなく、インフォーマル経済には成長という側面もあると述べている。Portes, Alejandro, Manuel Castells and Lauren A. Benton, 1989, "Conclusion: The Policy Implications of Informality," Alejandro Portes, Manuel Castells and Lauren A. Benton eds., *The Informal Economy: Studies in Advanced and Less Developed Countries*, Baltimore: The Johns Hopkins University Press.

（6）Siegel, Shefa and Marcello M. Veiga, 2009, "Artisanal and Small-Scale Mining as an Extralegal Economy: De Soto and the Redefinition of 'Formalization'," *Resources Policy*, 34（1-2）.

（7）Lince, Sarah, 2011, "The Informal Sector in Jinja, Uganda: Implications of Formalization and Regulation," *African Studies Review*, 54（2）. ／Ahlers, Rhodante, Valeria Perez Güida, Maria Rusca and Klaas Schwartz, 2013, "Unleashing Entrepreneurs or Controlling Unruly Providers? The Formalisation of Small-Scale Water Providers in Greater Maputo, Mozambique," *The Journal of Development Studies*, 49（4）.

（8）篠崎香子，2020，「ドイツで家事労働のフォーマル化が滞るのはなぜか——制度が生み出すインフォーマルな移住家事労働者」伊藤るり編著『家事労働の国際社会学——ディーセント・ワークを求めて』人文書院.

（9）Lomnitz, Larissa Adler, 1988, "Informal Exchange Networks in Formal Systems: A Theoretical Model," *American Anthropologist*, 90（1）, p.54.

（10）Portes and Haller 2005.

（11）現地メディアの報道によれば、「無料通信アプリの台頭により通信会社が経済的不利益を被っている」ことと、「無料通信アプリの運営会社が許可をもっていない」ことを理由に規制がなされた。もちろんこれは表向きの理由で、匿名の関係者の話として、治安上の問題が挙げられている。このような規制はそれまでもたびたび行われ、解除されていたという。このときも、2016年中には規制が解かれ、無料通信アプリも問題なく利用できるようになった。

（12）工藤年博・石田正美，2010，「越境移動の進展と国境経済圏」石田正美編『メコン地域——国境経済をみる』アジア経済研究所，pp.4-5.

（13）前掲書収録論文で、石田正美・平塚大祐は国境経済圏における経済活動を、①国境貿易型（トラックによる貿易活動、両替商、倉庫業、国境少額貿易）、②国境産業型（工業団地の立地をはじめとする製造業活動）、③国境観光・カジノ型（カジノ、リゾート施設、ショッピングセンター・伝統市場・免税店）の三つに分類している。石田正美・平塚大祐，2010，「国境経済圏の可能性と今後の展望」石田正美編『メコン地域——国境経済をみる』アジア経済研究所.

（14）Soto Bermant, Laia, 2015, "The Myth of Resistance: Rethinking the 'Informal' Economy in a Mediterranean Border Enclave," *Journal of Borderlands Studies*, 30（2）.

（15）Morokvasic, Mirjana, 2003, "Transnational Mobility and Gender: A View from Post-Wall Europe," Mirjana Morokvasic, Umut Erel and Kyoko Shinozaki eds., *Crossing Borders and Shifting Boundaries Vol. I: Gender on the Move*, Opladen: Leske+Budrich.

（16）越田稜，1994，「国境とくにざかい」越田稜・村井吉敬・吉岡淳編『国境の人びと——トランスボーダーの思想』古今書院，p.10.

（17）日下部京子，2015，「国境におけるジェンダー分析のフレームワーク——メコン河下流域の国境を事例として」『境界研究』5，p.174.

（18）Pearce, Diana, 1978, "The Feminization of Poverty: Women, Work and Welfare," *Urban and Social Change Review*, 11. ／鈴木春子，2014，「先進国と途上国の『貧困の女性化』に関する文献研究」『日本女子大学大学院人間社会研究科紀要』20.

（19）山田昌弘，2015，「女性労働の家族依存モデルの限界」小杉礼子・宮本みち子編著『下層化する女性たち——労働と家庭からの排除と貧困』勁草書房.

(20)Skalli, Loubna H., 2001, "Women and Poverty in Morocco: The Many Faces of Social Exclusion," *Feminist Review*, 69.

(21)嶋田ミカ, 1998,「インフォーマル部門の女性労働と家族——インドネシア・中部ジャワの事例から」『国立婦人教育会館研究紀要』2. ／Chen 2012.

第一章◆二人の王様にとっての爆弾

(1)世界の飛び地については、吉田一郎の著書が詳しい。吉田一郎, 2014,『世界飛び地大全』角川ソフィア文庫.

(2)スペインには17の自治州(comunidades autónomas)と、セウタとメリリャという2つの自治都市(ciudades autónomas)がある。自治都市には、立法上の自治権と行政権があり、市の代表者を通じて行政を行う権限が与えられている。

(3)World Bank, 2023, "GDP per Capita (Current US$): Spain, Morocco," (Retrieved July 9, 2023, https://data.worldbank.org/indicator/NY.GDP.PCAP.CD?end=2021&locations=MA-ES&start=1960&view=chart).

(4)Statista, 2022, "Number of Muslims in Ceuta in 2021, by nationality," (Retrieved July 9, 2023, https://www.statista.com/statistics/989770/muslims-in-ceuta-by-nationality/).

(5)Español, Alicia, Mercedes Cubero Pérez and Manuel Luis de la Mata-Benítez, 2017, "Outlining Border People of the Frontier Zone between Spain and Morocco. Empirical and Methodological Questions," *Revista Internacional de Estudios Migratorios*, 7(3). ／Fuentes-Lara, Cristina, 2016, "El comercio 'atípico' en la frontera ceutí. El caso de las porteadoras," *Revista Internacional de Estudios Migratorios*, 6(1).

(6)2020年2月27日、セウタで行ったセウタ在住のモロッコ系スペイン人の男性へのインタビューによる。彼へのインタビューでは、「密輸」の運び屋を含む越境者の状況についての聞き取りを行った。

(7)モロッコもスペインも王国であり、2人の王様とは、モロッコのムハンマド6世国王と、スペインのフェリペ6世国王を指す。Kadiri, Abdeslam, 2018, "Sebta: Une bombe pour deux rois," *Telquel*, 795.

(8)Crétois, Jules, 2012, "Histoire: Sultan of swing," *Telquel*, (Retrieved August 26, 2020, https://telquel.ma/2012/10/19/Histoire-Sultan-of-swing_540_4632). ／佐藤健太郎, 2011,「歴史概観(3)——シャリーフ王朝の伝統」私市正年・佐藤健太郎編著『モロッコを知るための65章』明石書店.

(9)Discovery Morocco, 2018, "Le Sultan Moulay Abdelaziz n'a jamais vendu le Maroc pour une bicyclette," (Retrieved July 9, 2023, https://www.facebook.com/DiscoveryMorocco/photos/histoire-%EF%B8%8F%EF%B8%8F-n%C3%A9-en-1878-moulay-abdelaziz-est-un-ancien-sultan-marocain-de-la-dyna/1341562722613839/).

(10)Rézette, Robert, 1976, *Les enclaves espagnoles au Maroc*, Paris: Nouvelles Editions Latines.

(11)プラサス・デ・ソベラニアにあたるのは、セウタとメリリャだけではない。このほかにも、スペイン軍以外の定住人口をもたないチャファリナス諸島、ペニョン・デ・アルセマス、ペニョン・デ・ベレス・デ・ラ・ゴメラというスペイン領が含まれる。これらの地域は16～19世紀にかけてスペイン領となった。

(12)西野照太郎, 1968,「モロッコとスペイン領セウタ——ジブラルタル問題に対比して」『レファレンス』18(3), p.32.

(13)ムハンマド6世のこの演説の契機となったのは、2002年7月に起こった「ペレヒル島危機」だった。ペレヒル島とは、ジブラルタル海峡の南岸、セウタ近くにあるスペイン領の無人島で、そこをモロッコ軍兵士が占拠したことから飛び地領の領有権をめぐる問題に発展し

た。中川恵，2011b，「モロッコに残るスペイン領——セウタとメリーリャ」私市正年・佐藤健太郎編著『モロッコを知るための65章』明石書店．／Fernández-Molina, Irene, 2016, *Moroccan Foreign Policy under Mohammed VI, 1999-2014*, Abington: Routledge.

(14) 西野 1968，pp.35-36.

(15) セウタとモロッコの国境が再開した2022年以降は、スペインの外国人身分証を持たないモロッコ人労働者はセウタへの「越境通勤」にあたり、訪問可能な地域が制限された越境労働者向けのビザを取得することが必要になった。Jaouhar, Aymane, 2022, "Visas pour Sebta et Melilia: Le nouveau dilemme des travailleurs tranfrontaliers," *Telquel*, (Retrieved July 9, 2023, https://telquel.ma/instant-t/2022/05/30/visas-pour-sebta-et-melilia-le-nouveau-dilemme-des-travailleurs-tranfrontaliers_1769448/).

(16) Fuentes-Lara, Cristina, 2018, "Las mujeres porteadoras y el comercio irregular en la frontera de Ceuta," Xavier Ferrer-Gallardo and Lorenzo Gabrielli eds., *Estados de excepción en la excepción del estado: Ceuta y Melilla*, Barcelona: Icaria.

(17) Kadiri 2018, p.31.

(18) 西野 1968，p.35.

(19) 小井土彰宏，2017，「新興移民受入国のダイナミズム——なぜ2000年代を代表する移民国家となったのか」小井土彰宏編『移民受入の国際社会学——選別メカニズムの比較分析』名古屋大学出版会．

(20) 堀井里子，2013，「EUエージェンシー設立過程分析——EU域外国境管理政策・フロンテクスを事例として」『一橋法学』12(1).

(21) 2016年3月のEU・トルコ声明では、トルコを経由してギリシャ諸島に渡るすべての「非正規」移民や難民認定を受けられなかった庇護申請者について、EUの費用でトルコに送還することなどが合意された。

(22) Natter, Katharina, 2013, "The Formation of Morocco's Policy Towards Irregular Migration (2000-2007): Political Rationale and Policy Processes," *International Migration*, 52(5).

(23) 前掲論文.

(24) 中山裕美，2018，「移民ガバナンスにおける地域間主義の意義——アフリカ－ヨーロッパ間の地域協議プロセスの検討から」『国際政治』190.

(25) カースルズ，スティーブン，マーク・ミラー著／関根政美・関根薫訳，2011，『国際移民の時代』名古屋大学出版会．

(26) Ministère Délégué Chargé des Marocains Résidant à l'Etranger et des Affaires de la Migration (MDCMREAM), 2019, "Politique nationale d'immigration et d'asile: Rapport 2018," (Retrieved May 26, 2020, https://marocainsdumonde.gov.ma/wp-content/uploads/2019/01/Politique-Nationale-dimmigration-et-dAsile-_-Rapport-2018.pdf).

(27) 岡部みどり，2017，「EUによる広域地域形成とその限界——対外政策としての出入国管理」『日本EU学会年報』37, p.62.

(28) Moroccan News Agency (MAP), 2017, *Factual Morocco 2017*, Rabat: MAP, pp.58-59.

(29) Amnesty International, 2018, "Morocco: Relentless Crackdown on Thousands of Sub-Saharan Migrants and Refugees is Unlawful," Amnesty International, (Retrieved May 23, 2020, https://www.amnesty.org/en/latest/news/2018/09/morocco-relentless-crackdown-on-thousands-of-sub-saharan-migrants-and-refugees-is-unlawful/).

(30) セウタとメリリャに設置されている移民一時滞在センター(CETI: Centro de Estancia Temporal de Inmigrantes)は、飛び地領に入国した移民や難民の受け入れを行っている。セウタには2000年、メリリャには1999年に設立された。CETIでは、健康診断などの基本的

サービスや移民としての身分登録、スペイン語の授業が受けられる。セウタのCETIでの収容可能人数は512人、メリリャのCETIでは480人だが、飛び地領に入国する移民や難民の増加に伴い、常に定員を超過している。移民はその身分証を用いて自由に施設外に出ることができるため、日本で移民を収容する入国管理センターと異なり、「保護滞在施設」という側面が強い。小井土 2017.

(31) Natter 2013.

(32) Kuperblum, Dylan, 2018, "Migrants: Morts sans sépultures," *Telquel*, 822.

(33) 前掲記事.

(34) Haut-Commissariat au Plan (HCP), 2022, "Déterminants des transferts et des investissements des migrants marocains à l'étranger," (Retrieved March 23, 2023, https://www.hcp.ma/file/235620/).

(35) Khosrokhavar, Farhad, 2017, "Farhad Khosrokhavar: Le Maroc exporte ses djihadistes," *Le Monde*, (Retrieved June 18, 2018, https://www.lemonde.fr/idees/article/2017/08/23/farhad-khosrokhavar-le-maroc-exporte-ses_djihadistes_5175307_3232.html).

(36) Bada, Aziz, 2017, "Le Maroc est-il responsable de la radicalisation des auteurs des attentats de Barcelone ?," *Le 360*, (Retrieved June 16, 2018, https://fr.le360.ma/politique/le-maroc-est-il-responsable-de-la-radicalisation-des-auteurs-des-attentats-de-barcelone-132669).

(37) 前掲記事.

(38) アブデルバキ・エス・サーティは、2010～2012年に麻薬密売の罪で服役していた際、2004年のマドリードの列車爆破テロの実行犯の一人と知り合ったという。その後、2014年にふたたび麻薬密売の有罪判決を受けた際、強制送還されるはずだったが、スペインの諜報機関の情報提供者となる代わりに強制送還が取り消され、スペインに滞在し続けた。Spain in English, 2019, "CNI tried to find Es Satty an imam position in Barcelona, say reports," (Retrieved March 23, 2023, https://www.spainenglish.com/2019/07/19/cni-es-satty-imam-barcelona/).

(39) Real, Bénédicte, 2018, "La coopération en matière de sécurité entre le Maroc et l'Europe: L'Union Européenne est-elle incontournable ?," *Paix et Sécurité Internationales*, 6.

(40) International Court of Justice, 1975, "Western Sahara, Advisory Opinion, I.C.J. Reports 1975," p.12, (Retrieved December 1, 2020, https://www.icj-cij.org/public/files/case-related/61/061-19751016-ADV-01-00-EN.pdf).

(41) Zisenwine, Daniel, 2013, "Mohammed VI and Moroccan Foreign Policy," Bruce Maddy-Weitzman and Daniel Zisenwine eds., *Contemporary Morocco: State, Politics and Society under Mohammed VI*, Abington: Routledge, p.72.

(42) MacShane, Denis, 2016, *Brexit: How Britain Left Europe*, London: I. B. Tauris, pp.214-215.

(43) 中山 2018.

(44) 新郷啓子, 2019,『抵抗の轍――アフリカ最後の植民地、西サハラ』インパクト出版会, p.104.

(45) Kadiri 2018, p.34.

(46) カースルズ・ミラー 2011, p.217.

(47) Lahlou, Mehdi, 2018, "Migration Dynamics in Play in Morocco: Trafficking and Political Relationships and their Implications at the Regional Level," Middle East and North Africa Regional Architecture Working Papers, No.26, p.12.

第二章◆容認された「密輸」

(1)International Monetary Fund (IMF), 1998, *Shuttle Trade*, Washington D.C.: IMF.

(2)Aydin, Kenan, Lacin Idil Oztig and Emrah Bulut, 2016, "The Economic Impact of the Suitcase Trade on Foreign Trade: A Regional Analysis of the Laleli Market," *International Business Research*, 9(3).

(3)白石昌也．2010．「東西経済回廊――ラオバオ＝デンサワン国境ゲート」石田正美編『メコン地域――国境経済をみる』アジア経済研究所．

(4)ギショネ，ポール著／内田日出海・尾崎麻弥子訳．2005．『フランス・スイス国境の政治経済史――越境、中立、フリー・ゾーン』昭和堂．

(5)Morokvasic 2003.

(6)Soto Bermant 2015.

(7)白谷望．2016．「現代モロッコにおけるアマズィグの政治的役割」『中東研究』526．p.62.

(8)Soto Bermant, Laia, 2014, "Consuming Europe: The Moral Significance of Mobility and Exchange at the Spanish-Moroccan Border of Melilla," *The Journal of North African Studies*, 19(1), p.124.

(9)Soto Bermant 2015.

(10)石灘早紀．2022．「インフォーマル経済に対する人道的な規制と再周辺化――モロッコ・スペイン領セウタ間の『密輸』の事例から」『アジア経済』63(4)．p.43.

(11)Alusala, Nelson, 2010, "Informal Cross-Border Trade and Arms Smuggling along the Uganda-Rwanda Border," *African Security Review*, 19(3).

(12)APDHA 2016.

(13)Fuentes-Lara 2018.

(14)Troly, Gilbert, 2008, "La société minière et métallurgique de Peñarroya," *Annales des Mines–Réalité Industrielles*, 3.

(15)Houdaïfa, Hicham, 2015, *Dos de femme, dos de mulet: Les oubliées du Maroc profond*, Casablanaca: En Toutes Lettres.

(16)Soto Bermant 2014, p.116.

(17)HCP, 2020, "La situation du marché du travail en 2019," (Retrieved December 29, 2020, https://www.hcp.ma/La-Situation-du-marche-du-travail-en-2019_a2455.html).

(18)APDHA 2016.

(19)United Nations Development Programme (UNDP), 2016, *Africa Human Development Report 2016: Accelerating Gender Equality and Women's Empowerment in Africa*, New York: UNDP.

(20)Morokvasic 2003.

(21)Hamelin, Nicolas, Mehdi El Boukhari and Sonny Nwankwo, 2018, "Micro-Credit, Gender, and Corruption: Are Women the Future of Development?," Doris H. Gray and Nadia Sonneveld eds., *Women and Social Change in North Africa: What Counts as Revolutionary?*, Cambridge: Cambridge University Press.

(22)Skalli 2001.

(23)HCP, 2018, "Les indicateurs sociaux du Maroc: Edition 2018," HCP, (Retrieved October 18, 2020, https://www.hcp.ma/file/231205/).

(24)エンナジー，モハー．2012．「モロッコにおける開発への女性統合に向けたステップ」ザヒア・スマイール・サルヒー編著／鷹木恵子・大川真由子・細井由香・宇野陽子・辻上奈美江・今堀恵美訳『中東・北アフリカにおけるジェンダー――イスラーム社会のダイナミズムと多

様性』明石書店.

(25) Gray, Doris H., 2013, "Feminism, Islamism and a Third Way," Bruce Maddy-Weitzman and Daniel Zisenwine eds., *Contemporary Morocco: State, Politics and Society under Mohammed VI*, Abington: Routledge.

(26) El Ghazouani, Abdellah dir., 2015, *Les femmes dans l'espace public: Le harcèlement sexuel*, Casablanca: Afrique Orient.

(27) とはいえ、この家族法の改正は純粋に女性のために行われたものではないことを付言しておく。この改正の背景には、前年の2003年に商業都市カサブランカで45人が死亡した同時多発テロがある。テロには国際テロ組織「アルカイダ」ともつながりをもつ「モロッコ・イスラーム戦闘集団」のメンバーらが関与したとされている。このようなテロ事件を受け、モロッコは自国の現代的・進歩的なイメージを醸成するために家族法の改革に踏み切った。結果的に女性に資することにはなったものの、ほかの目的を達成する手段として利用されたと言える。Heydt, Jean-Marie, 2019, *Mohammed VI : La vision d'un roi : Actions et ambitions*, Lausanne: Favre. ／ Salime, Zakia, 2011, *Between Feminism and Islam: Human Rights and Sharia Law in Morocco*, Minneapolis: University of Minnesota Press. ／ Engelcke, Dörthe, 2019, *Reforming Family Law: Social and Political Change in Jordan and Morocco*, Cambridge: Cambridge University Press.

(28) Engelcke 2019.

(29) Houssam, Touria, 2016, *Divorcé(e): Le devenir et le vivre*, Casablanca: Centre d'Etudes sur la Famille et de Recherches sur les Valeurs et les Lois.

(30) 青山薫, 2007,『「セックスワーカー」とは誰か——移住・性労働・人身取引の構造と経験』大月書店.

(31) Morokvasic 2003.

(32) 石灘 2022, p.44.

(33) 前掲論文, p.44.

(34) 後述するが、クリスティーナ・フエンテス・ララは、モロッコ社会において運び屋の仕事は売春と同一視されていると指摘している。とはいえ、ライア・ソト・ベルマントによれば、売春に比べれば、運び屋はまだ道徳的に許容されているという。Fuentes-Lara 2016. ／ Soto Bermant 2015.

(35) Zurlo, Yves, 2005, *Ceuta et Melilla: Histoire, représentations et devenir de deux enclaves espagnoles*, Paris: L'Harmattan.

(36) El Mouden, Wadie, 2020, "Bab Sebta: Mesures draconiennes anti-contrebande: Le DG de la douane, Nabil Lakhdar, dit tout," *Le 360*,(Retrieved October 23, 2020, https://fr.le360.ma/economie/bab-sebta-mesures-draconiennes-anti-contrebande-le-dg-de-la-douane-nabil-lakhdar-dit-tout-209287).

(37) APDHA 2016. ／ Soto Bermant 2015.

(38) ムハンマド6世国王は憲法改正を指揮し、2011年の新憲法では国王の政治的権限の一部が首相や議会に委譲された。

(39) 篠田航一, 2019,「独裁政権の『受け皿』を模索——北アフリカ政変　経済的要因大きく」『季刊アラブ』168.

(40) Ferrer-Gallardo, Xavier and Ana Isabel Planet-Contreras, 2012, "Ceuta and Melilla: Euro-African Borderscapes," *Agora*, 4.

(41) Fuentes-Lara 2016.

(42) APDHA 2016, p.68.

(43) Chen 2007. ／—— 2012. ／ Portes and Haller 2005.

(44) Fuentes-Lara 2016.

(45) Soriano-Miras, Rosa and Cristina Fuentes-Lara, 2015, "La vulnerabilidad de las mujeres porteadoras de Ceuta y Melilla como sujeto de derechos humanos," Karla Andrade and Simón Izcara eds., *Migrantes, transmigrantes, deportados y derechos humanos: Un enfoque binacional*, Mexico: Editorial Fontamara.

(46) Vale, Jeremy, 2017, "The Economic Legacies of Lingering Colonialism: A Case Study in Identity and Multiculturalism in Northern Morocco and the Spanish Enclaves," Independent Study Project Collection, No.2633, pp.18-19.

(47) Houssam 2016.

(48) 在モロッコ日本国大使館，2020，「モロッコ安全対策情報(令和2年4月～6月期)」，在モロッコ日本国大使館ホームページ，(2020年10月7日取得，https://www.ma.embjapan.go.jp/pdf/ryoji/ryoji_anzenjoho_R20406.pdf).

第三章◆管理するスペイン

(1) Cembrero, Ignacio, 2009, "La muerte de Safia, la porteadora," *El País*, (Retrieved August 18, https://elpais.com/diario/2009/01/04/domingo/1231044754_850215.html).

(2) APDHA 2016.

(3) APDHA, 2012, "Déclaration de Tétouan sur les femmes porteuses de marchandises aux frontières de Ceuta et Melilla," Cádiz: APDHA, (Retrieved October 30, 2020, https://www.apdha.org/media/declaracion_tetuan_porteadoras_frances.pdf).

(4) APDHA 2016.

(5) Diputación de Cádiz, 2019, "Estreno del documental 'Con el mundo a cuestas'," (Retrieved November 20, 2020, https://www.dipucadiz.es/prensa/actualidad/Estreno-del-documental-Con-el-mundo-a-cuestas/).

(6) APDHA 2016.

(7) Walker, Andrew, 1999, *The Legend of the Golden Boat: Regulation, Trade and Traders in the Borderlands of Laos, Thailand, China and Burma*, Surrey: Curzon Press.

(8) 石灘 2022，p.48.

(9) El Faro de Ceuta, 2018, "Polígonos del Tarajal critican la venta de tickets a porteadores en la fase II y denuncian 'monopolio'," *El Faro de Ceuta,* (Retrieved April 12, 2023, https://elfarodeceuta.es/poligonos-tarajal-venta-tickets-porteadores-fase-ii-monopolio/).

(10) Le Canard Libéré, "Trafic frontalier à Sebta: Vive la contrebande à visage humain !," *Le Canard Libéré*, 20 avril 2018.

(11) 石灘 2022，p.49.

(12) 篠崎 2020.

(13) 岡部みどり，2005，「国境の国際共同管理と移民——政治学的移民研究アプローチと『移民危機』の克服」『国際関係論研究』24.

第四章◆「密輸」に依存する町

(1) ビゴ，ディディエ／村上一基訳，2014，「国境概念の変化と監視体制の進化——移動・セキュリティ・自由をめぐる国家の攻防」森千香子／エレン・ルバイ編『国境政策のパラドクス』勁草書房，p.148.

(2) 岩下明裕，2010，「ボーダースタディーズの胎動」『国際政治』162.

(3) Portes, Alejandro and Leif Jensen, 1989, "The Enclave and the Entrants: Patterns of

Ethnic Enterprise in Miami before and after Mariel," *American Sociological Review*, 54(6).
(4) Wilson, Kenneth L. and Alejandro Portes, 1980, "Immigrant Enclaves: An Analysis of the Labor Market Experiences of Cubans in Miami," *American Journal of Sociology*, 86(2).
(5) Portes and Jensen 1989.
(6) Vale 2017.
(7) Velluet, Quentin, 2018, "Salaire moyen au Maroc: Le secteur public paie mieux que le privé," *Jeune Afrique*, (Retrieved December 29, 2020, https://www.jeuneafrique.com/emploi-formation/609859/salaires-au-maroc-le-secteur-public-paie-mieux-que-le-prive/).
(8) Bromley, Ray, 2000, "Street Vending and Public Policy: A Global Review," *International Journal of Sociology and Social Policy*, Vol.20, Issue 1/2, p.12.
(9) 前掲論文, pp.18-19.
(10)「スーク・アル・マシラ」(souk al Massira)と呼ばれる商業施設には、約800の店舗があり、「密輸」された衣料品や寝具、食料品、電化製品、雑貨などを取りそろえている。排他的というわけではないものの、明らかにモロッコ人向けの場所であるようで、モロッコでこのような商業施設に行くと「ニーハオ」「コンニチハ」と声をかけられるのが常だった私も無言で見られるばかりだった。このような居心地の悪さと言葉の壁もあり、残念ながらここでインタビューを行うことはかなわなかった。商業施設の店舗数に関しては、次の文献を参照した。Gallouj, Camal, 2021, *Le petit commerce traditionnel au Maroc: Résilience et modernité*, Iggybook.
(11) Marjane, 2023, "Marjane holding en bref," Marjane, (Retrieved April 16, 2023, https://www.marjane.ma/corporate/marjane-bref).
(12) Yabiladi, 2023, "Tetouan: La recette Marjane face à la contrebande," (Retrieved July 10, 2023, https://www.yabiladi.com/article-economie-503.html).
(13) Awad, Jihad Abdullatif, 1989, "Islamic Souqs (Bazaars) in the Urban Context: The Souq of Nablus," Master's Thesis for Kansas State University, p.136.
(14) 前掲論文, p.144.
(15) 世界銀行による調査では、2019年5月から2020年1月にかけて、1,096企業のオーナーや幹部に対する聞き取りが行われたという。World Bank, 2020, "Enterprise Surveys," (Retrieved November 26, 2020, https://www.enterprisesurveys.org/en/data/exploreeconomies/2019/morocco).
また、ここでの「贈り物」とは、賄賂とほぼ同義で用いられているものだ。岡奈津子によれば、これらを包摂して、「非公式な支払い」(informal payment)と呼ばれることもある。岡奈津子, 2019,『〈賄賂〉のある暮らし——市場経済化後のカザフスタン』白水社.
(16) Aziza, Mimoun, 2009, "Entre Nador et Melilla, une frontière européenne en terre marocaine: Analyse des relations tranfrontalières," *Critique Economique*, 25.
(17) 2020年3月11日、「モロッコの人権アソシエーション」(AMDH: Association Marocaine des Droits Humains)ナドール支部のオマール・ナジ副代表への聞き取りによる。聞き取りは、ナドールのAMDH事務所で行った。
(18) Martínez, Alicia, 2020, "La nueva reordenación del tráfico de la frontera de Farhana ya está en marcha," *El Faro de Melilla*, (Retrieved November 25, 2020, https://elfarodemelilla.es/la-nueva-reordenacion-del-trafico-de-la-frontera-de-farhana-ya-esta-en-marcha/).
(19) APDHA 2016.
(20) Galmot, Caroline, 2003, "En Afrique, des frontières de l'Europe," *La Pensée de Midi*, 2(10): p.32.

(21)2020年3月10日、スペイン国立通信教育大学メリリャ校のホセ・メヒアス・アスナル事務局長(当時)への聞き取りによる。
(22)2020年3月3日、APDHAのアナ・マリア・ロサド・カロ氏への聞き取りによる。

第五章◆根絶をめざすモロッコ

(1)A.E.H., 2020, "Bab Sebta: Un rapport parlementaire décrit les conditions des 'femmes-porteuses'," *Média 24*, (Retrieved May 20, 2020, https://www.medias24.com/bab-sebta-un-rapport-parlementaire-decrit-les-conditions-des-femmes-porteuses-6651.html).
(2)2020年2月19日、地元の有識者と行った会話による。石灘 2022, p.50.
(3)2022年3月29日、APDHAのアナ・マリア・ロサド・カロ氏へのメールでの聞き取りによる。前掲論文, p.50.
(4)Olzak, Susan, 1992, *The Dynamics of Ethnic Competition and Conflict*, Stanford: Stanford University Press.
(5)APDHA 2016, p.79.
(6)石灘 2022, p.51.
(7)セウタとモロッコの間の検問所は距離にしては数百メートルしかないものの、通過するのに数時間かかることもあるという。モロッコ人の車だけでなく、徒歩で渡るときには調べられることのない外国人の車であっても念入りに調べられる。あるタクシー運転手は、国境の渋滞について嘆き、「[モロッコから]セウタに客を乗せるのは嫌だ。もしどうしてもというなら、1000ディルハム[約1万1000円]ほどはもらいたい」と話していた。
(8)石灘 2022, p.52.
(9)Fuentes-Lara 2016.
(10)石灘 2022, p.53.
(11)前掲論文, p.53.
(12)前掲論文, p.53.
(13)Houssam 2016.
(14)Skalli 2001.
(15)この男性に対しては、セウタで一度インタビューを行った。私はスペイン領での調査をしていながら十分なスペイン語力はないが、スペイン語とアラビア語を混ぜてコミュニケーションを取り、私がうまく聞き取れないときには筆談や翻訳アプリも活用した。男性と実際に会ったのはこの一度きりだが、その後も無料通信アプリのワッツアップを使って連絡をとった。
(16)2020年3月11日、案内人の男性との無料通信アプリワッツアップでのやりとりによる。石灘 2022, pp.53-54.
(17)私は当初、この男性に運び屋を紹介してもらおうと思っていた。後述するが、謝礼に関して簡単に返事をすることができず、「考えてから返事をする」と連絡したところ、男性からはすぐに「自分への謝礼は100ユーロでもよい」と返信が来た。「値下げ」をするにあたって、男性が運び屋の女性への謝礼ではなく自身への謝礼を下げたことに、少しの良心を垣間見た気持ちになった。一方、モロッコ人の友人にこの話をしたところ、友人からは「ありえない。もし支払うとしても、一人30ユーロがせいぜいだ。そんな人に紹介を頼らず、自分で運び屋を探すべきだ」と、男性に対する怒りを含んだ返事がきた。
(18)中村香子, 2017,「『伝統』を見せ物に『苦境』で稼ぐ――『マサイ』民族文化観光の新たな展開」『アフリカ研究』92.
(19)前掲論文, pp. 75-76.
(20)鳥山純子, 2018,「中東ジェンダー研究の挑戦――ジェンダー化されたオリエンタリズムを超えて」『国際ジェンダー学会誌』16.

(21) 私自身の話をすれば、結局のところ運び屋の女性に会ってはおらず、彼女が何を思っていたのか、仲介の男性とどのようなつながりだったのかはわからない。謝礼の域を超えた金額設定だったことに戸惑ったのもあるが、これまでの調査で支払っていなかった謝礼を特定の一人に対してだけ支払うことが、フニデクの狭い社会でどのように広まるか、それが今後の調査にどのように影響しうるかを考え始めると、お金を払ってその女性を紹介してもらうことがためらわれた。そして、メディアが女性の話を聞くために通訳を必要とするとはいえ、男性がその仲介人を担っていることへの違和感が拭えずにいる。

(22) Kadiri, Ghalia, 2020, "« On n'a plus rien à vendre »: Au Maroc, la crise sanitaire met un coup d'arrêt à la contrebande," *Le Monde*, (Retrieved November 2, 2020, https://www.lemonde.fr/afrique/article/2020/10/20/on-n-a-plus-rien-a-vendre-au-maroc-la-crise-sanitaire-met-un-coup-d-arret-a-la-contrebande_6056711_3212.html).

(23) La croix, 2020, "Coronavirus: Aides financières pour 4,3 millions de foyers au Maroc, " *La croix*, (Retrieved April 23, 2023, https://www.la-croix.com/Economie/Coronavirus-aides-financieres-43-millions-foyers-Maroc-2020-04-27-1301091464).

(24) Jaouhar 2022.

(25) G.A, 2022, "Sebta et Melilla: L'interdiction de la contrebande fait grincer des dents," *Bladi.net*, (Retrieved April 23, 2023, https://www.bladi.net/sebta-melilla-interdiction-contrebande,93616.html).

(26) 八田善明. 2008.「モロッコ王国の『人間開発に係る国家イニシアティブ(INDH)』——貧困・格差問題と格差是正政策の観点から」『外務省調査月報』2008年度(2).

(27) Benabdellah, Yahya, 2022, "Reportage. La zone d'activité économique de Fnideq comme alternative à la contrebande," *Média 24*, (Retrieved April 17, 2023, https://medias24.com/2022/05/18/reportage-la-zone-dactivite-economique-de-fnideq-comme-alternative-a-la-contrebande/).

(28) L'économiste, 2023, "Zone d'activité économique de Fnideq: 378 millions de DH pour le premier exercice," *L'économiste*, (Retrieved May 2, 2023, https://www.leconomiste.com/flash-infos/zone-d-activite-economique-de-fnideq-378-millions-de-dh-pour-le-premier-exercice).

(29) Benabdellah 2022.

(30) Kadry, Said, 2022, "La zone d'activités économiques de Fnideq prend forme, pour contrer la contrebande à Bab Sebta," *Le 360*, (Retrieved May 4, 2023, https://fr.le360.ma/economie/la-zone-dactivites-economiques-de-fnideq-prend-forme-pour-contrer-la-contrebande-a-bab-sebta-260950/).
本文中で引用した女性の語りは、同記事内に掲載された動画に含まれている。

(31) Kadry, Said, 2021, "Vidéo. Finie la contrebande vivrière: La nouvelle vie des 'femmes-mulets' au Maroc," *Le 360*, (Retrieved May 5, 2023, https://fr.le360.ma/societe/video-finie-la-contrebande-vivriere-la-nouvelle-vie-des-femmes-mulets-au-maroc-237102/).

(32) 前掲記事.

(33) メディアが報道しているのはあくまでフニデク経済活動区の良い面であることには留意しておかなければならない。ある記事では、「密輸」から離れて経済活動区での仕事をすることのメリットとして「スペイン国境警備隊の軽蔑」を受けないことを一因に挙げているが、モロッコ当局の暴力には触れられておらず、スペインとモロッコの関係を抑圧－被抑圧と位置づけたある種の「サクセスストーリー」の形成が起こっているようにも思える。

終章◈運び屋として生きること

(1)Portes and Haller 2005.
(2)A.E.H. 2020.
(3)田所昌幸，2018，『越境の国際政治――国境を越える人々と国家間関係』有斐閣，p.23.
(4)前掲書，p.23.
(5)日下部 2015，p.174.
(6)Soto Bermanto 2015, p.269.
(7)小川さやか，2016，『「その日暮らし」の人類学――もう一つの資本主義経済』光文社新書.
(8)松田素二，1999，「フィールドワークに未来はあるか？」『ソシオロジ』44(2)，p.116.
(9)前掲論文，p.116.

参考文献

外国語文献(アルファベット順)

Ahlers, Rhodante, Valeria Perez Güida, Maria Rusca and Klaas Schwartz, 2013, "Unleashing Entrepreneurs or Controlling Unruly Providers? The Formalisation of Small-Scale Water Providers in Greater Maputo, Mozambique," *The Journal of Development Studies*, 49(4): 470-482.

Alusala, Nelson, 2010, "Informal Cross-Border Trade and Arms Smuggling along the Uganda-Rwanda Border," *African Security Review*, 19(3): 15-26.

Asociación Pro Derechos Humanos de Andalucía (APDHA), 2012, "Déclaration de Tétouan sur les femmes porteuses de marchandises aux frontières de Ceuta et Melilla," Cádiz: APDHA.

——, 2016, "Respeto y dignidad para las mujeres marroquíes que portan mercancías en la frontera de Marruecos con Ceuta," Cadiz: APDHA.

Awad, Jihad Abdullatif, 1989, "Islamic Souqs (Bazaars) in the Urban Context: The Souq of Nablus," Master's Thesis for Kansas State University.

Aydin, Kenan, Lacin Idil Oztig and Emrah Bulut, 2016, "The Economic Impact of the Suitcase Trade on Foreign Trade: A Regional Analysis of the Laleli Market," *International Business Research*, 9(3): 14-24.

Aziza, Mimoun, 2009, "Entre Nador et Melilla, une frontière européenne en terre marocaine: Analyse des relations tranfrontalières," *Critique Economique*, 25: 145-155.

Bromley, Ray, 2000, "Street Vending and Public Policy: A Global Review," *International Journal of Sociology and Social Policy*, Vol.20, Issue 1/2, 1-28.

Castells, Manuel and Alejandro Portes, 1989, "World Underneath: The Origins, Dynamics, and Effects of the Informal Economy," Alejandro Portes, Manuel Castells and Lauren A. Benton eds., *The Informal Economy: Studies in Advanced and Less Developed Countries*, Baltimore: The Johns Hopkins University Press, 11-37.

Chen, Martha Alter, 2007, "Rethinking the Informal Economy: Linkages with the Formal Economy and the Formal Regulatory Environment," DESA Working Paper, No.46.

——, 2012, "The Informal Economy: Definitions, Theories and Policies," WIEGO Working Paper, No.1.

El Ghazouani, Abdellah dir., 2015, *Les femmes dans l'espace public: Le harcèlement sexuel*, Casablanca: Afrique Orient.

Engelcke, Dörthe, 2019, *Reforming Family Law: Social and Political Change in Jordan and Morocco*, Cambridge: Cambridge University Press.

Español, Alicia, Mercedes Cubero Pérez and Manuel Luis de la Mata-Benítez, 2017, "Outlining Border People of the Frontier Zone between Spain and Morocco. Empirical and

Methodological Questions," *Revista Internacional de Estudios Migratorios*, 7(3): 176-197.
Fernández-Molina, Irene, 2016, *Moroccan Foreign Policy under Mohammed VI, 1999-2014*, Abington: Routledge.
Ferrer-Gallardo, Xavier, 2008, "Acrobacias fronterizas en Ceuta y Melilla: Explorando la gestión de los perímetros terrestres de la Unión Europea en el continente africano," *Documents d'Anàlisi Geogràfica*, 51: 129-149.
Ferrer-Gallardo, Xavier and Ana Isabel Planet-Contreras, 2012, "Ceuta and Melilla: Euro-African Borderscapes," *Agora*, 4: 32-35.
Fuentes-Lara, Cristina, 2016, "El comercio 'atípico' en la frontera ceutí. El caso de las porteadoras," *Revista Internacional de Estudios Migratorios*, 6(1): 84-107.
——, 2018, "Las mujeres porteadoras y el comercio irregular en la frontera de Ceuta," Xavier Ferrer-Gallardo and Lorenzo Gabrielli eds., *Estados de excepción en la excepción del estado: Ceuta y Melilla*, Barcelona: Icaria, 73-89.
Gallouj, Camal, 2021, *Le petit commerce traditionnel au Maroc*: Résilience et modernité, Iggybook.
Galmot, Caroline, 2003, "En Afrique, des frontières de l'Europe," *La Pensée de Midi*, 2(10): 31-39.
Gray, Doris H., 2013, "Feminism, Islamism and a Third Way," Bruce Maddy-Weitzman and Daniel Zisenwine eds., *Contemporary Morocco: State, Politics and Society under Mohammed VI*, Abington: Routledge, 136-146.
Hamelin, Nicolas, Mehdi El Boukhari and Sonny Nwankwo, 2018, "Micro-Credit, Gender, and Corruption: Are Women the Future of Development?," Doris H. Gray and Nadia Sonneveld eds., *Women and Social Change in North Africa: What Counts as Revolutionary?*, Cambridge: Cambridge University Press, 91-116.
Heydt, Jean-Marie, 2019, *Mohammed VI: La vision d'un roi : Actions et ambitions*, Lausanne: Favre.
Houdaïfa, Hicham, 2015, *Dos de femme, dos de mulet: Les oubliées du Maroc profond*, Casablanaca: En Toutes Lettres.
Houssam, Touria, 2016, *Divorcé(e): Le devenir et le vivre*, Casablanca: Centre d'Etudes sur la Famille et de Recherches sur les Valeurs et les Lois.
International Labour Office (ILO), 1972, *Employment, Incomes and Equality: A Strategy for Increasing Productive Employment in Kenya*, Geneva: ILO.
——, 2018, *Women and Men in the Informal Economy: A Statistical Picture. Third Edition*, Geneva: ILO.
International Monetary Fund (IMF), 1998, *Shuttle Trade*, Washington D.C.: IMF.
Lahlou, Mehdi, 2018, "Migration Dynamics in Play in Morocco: Trafficking and Political Relationships and their Implications at the Regional Level," Middle East and North Africa Regional Architecture Working Papers, No.26.
Lince, Sarah, 2011, "The Informal Sector in Jinja, Uganda: Implications of Formalization and Regulation," *African Studies Review*, 54(2): 73-93.
Lomnitz, Larissa Adler, 1988, "Informal Exchange Networks in Formal Systems: A Theoretical Model," *American Anthropologist*, 90(1): 42-55.
MacShane, Denis, 2016, *Brexit: How Britain Left Europe*, London: I. B. Tauris.
Moroccan News Agency (MAP), 2017, *Factual Morocco 2017*, Rabat: MAP.
Morokvasic, Mirjana, 2003, "Transnational Mobility and Gender: A View from Post-Wall

Europe," Mirjana Morokvasic, Umut Erel and Kyoko Shinozaki eds., *Crossing Borders and Shifting Boundaries Vol. I: Gender on the Move*, Opladen: Leske+Budrich, 101-133.

Natter, Katharina, 2013, "The Formation of Morocco's Policy Towards Irregular Migration (2000-2007): Political Rationale and Policy Processes," *International Migration*, 52(5): 15-28.

Olzak, Susan, 1992, *The Dynamics of Ethnic Competition and Conflict*, Stanford: Stanford University Press.

Pearce, Diana, 1978, "The Feminization of Poverty: Women, Work and Welfare," *Urban and Social Change Review*, 11: 28-36.

Portes, Alejandro and Leif Jensen, 1989, "The Enclave and the Entrants: Patterns of Ethnic Enterprise in Miami before and after Mariel," *American Sociological Review*, 54(6): 929-949.

Portes, Alejandro, Manuel Castells and Lauren A. Benton, 1989, "Conclusion: The Policy Implications of Informality," Alejandro Portes, Manuel Castells and Lauren A. Benton eds., *The Informal Economy: Studies in Advanced and Less Developed Countries*, Baltimore: The Johns Hopkins University Press, 298-311.

Portes, Alejandro and William Haller, 2005, "The Informal Economy," Neil J. Smelser and Richard Swedberg eds., *The Handbook of Economic Sociology, Second Edition*, Princeton: Princeton University Press, 403-425.

Real, Bénédicte, 2018, "La coopération en matière de sécurité entre le Maroc et l'Europe: L'Union Européenne est-elle incontournable ?," *Paix et Sécurité Internationales*, 6: 109-130.

Rézette, Robert, 1976, *Les enclaves espagnoles au Maroc*, Paris: Nouvelles Editions Latines.

Salime, Zakia, 2011, *Between Feminism and Islam: Human Rights and Sharia Law in Morocco*, Minneapolis: University of Minnesota Press.

Siegel, Shefa and Marcello M. Veiga, 2009, "Artisanal and Small-Scale Mining as an Extralegal Economy: De Soto and the Redefinition of 'Formalization'," *Resources Policy*, 34(1-2): 51-56.

Skalli, Loubna H., 2001, "Women and Poverty in Morocco: The Many Faces of Social Exclusion," *Feminist Review*, 69: 73-89.

Soriano-Miras, Rosa and Cristina Fuentes-Lara, 2015, "La vulnerabilidad de las mujeres porteadoras de Ceuta y Melilla como sujeto de derechos humanos," Karla Andrade and Simón Izcara eds., *Migrantes, transmigrantes, deportados y derechos humanos: Un enfoque binacional*, Mexico: Editorial Fontamara, 117-140.

Soto Bermant, Laia, 2014, "Consuming Europe: The Moral Significance of Mobility and Exchange at the Spanish-Moroccan Border of Melilla," *The Journal of North African Studies*, 19(1): 110-129.

——, 2015, "The Myth of Resistance: Rethinking the 'Informal' Economy in a Mediterranean Border Enclave," *Journal of Borderlands Studies*, 30(2): 263-278.

Troly, Gilbert, 2008, "La société minière et métallurgique de Peñarroya," *Annales des Mines–Réalité Industrielles*, 3: 27-34.

United Nations Development Programme (UNDP), 2016, *Africa Human Development Report 2016: Accelerating Gender Equality and Women's Empowerment in Africa*, New York: UNDP.

Vale, Jeremy, 2017, "The Economic Legacies of Lingering Colonialism: A Case Study in Identity and Multiculturalism in Northern Morocco and the Spanish Enclaves,"

Independent Study Project Collection, No.2633.
Walker, Andrew, 1999, *The Legend of the Golden Boat: Regulation, Trade and Traders in the Borderlands of Laos, Thailand, China and Burma*, Surrey: Curzon Press.
Wilson, Kenneth L. and Alejandro Portes, 1980, "Immigrant Enclaves: An Analysis of the Labor Market Experiences of Cubans in Miami," *American Journal of Sociology*, 86(2): 295-319.
Zisenwine, Daniel, 2013, "Mohammed VI and Moroccan Foreign Policy," Bruce Maddy-Weitzman and Daniel Zisenwine eds., *Contemporary Morocco: State, Politics and Society under Mohammed VI*, Abington: Routledge, 70-81.
Zurlo, Yves, 2005, *Ceuta et Melilla: Histoire, représentations et devenir de deux enclaves espagnoles*, Paris: L'Harmattan.

日本語文献（五十音順）

青山薫, 2007,『「セックスワーカー」とは誰か――移住・性労働・人身取引の構造と経験』大月書店.
石田正美・平塚大祐, 2010,「国境経済圏の可能性と今後の展望」石田正美編『メコン地域――国境経済をみる』アジア経済研究所, 411-444.
石灘早紀, 2022,「インフォーマル経済に対する人道的な規制と再周辺化――モロッコ・スペイン領セウタ間の『密輸』の事例から」『アジア経済』63(4): 33-60.
岩下明裕, 2010,「ボーダースタディーズの胎動」『国際政治』162: 1-8.
エンナジー, モハー, 2012,「モロッコにおける開発への女性統合に向けたステップ」ザヒア・スマイール・サルヒー編著／鷹木恵子・大川真由子・細井由香・宇野陽子・辻上奈美江・今堀恵美訳『中東・北アフリカにおけるジェンダー――イスラーム社会のダイナミズムと多様性』明石書店, 99-116.
岡奈津子, 2019,『〈賄賂〉のある暮らし――市場経済化後のカザフスタン』白水社.
岡部みどり, 2005,「国境の国際共同管理と移民――政治学的移民研究アプローチと『移民危機』の克服」『国際関係論研究』24: 59-79.
――, 2017,「EUによる広域地域形成とその限界――対外政策としての出入国管理」『日本EU学会年報』37: 49-68.
小川さやか, 2016,『「その日暮らし」の人類学――もう一つの資本主義経済』光文社新書.
カースルズ, スティーブン, マーク・ミラー著／関根政美・関根薫訳, 2011,『国際移民の時代』名古屋大学出版会.
ギショネ, ポール著／内田日出海・尾崎麻弥子訳, 2005,『フランス・スイス国境の政治経済史――越境、中立、フリー・ゾーン』昭和堂.
日下部京子, 2015,「国境におけるジェンダー分析のフレームワーク――メコン河下流域の国境を事例として」『境界研究』5, 169-185.
工藤年博・石田正美, 2010,「越境移動の進展と国境経済圏」石田正美編『メコン地域――国境経済をみる』アジア経済研究所, 3-48.
小井土彰宏, 2017,「新興移民受入国のダイナミズム――なぜ2000年代を代表する移民国家となったのか」小井土彰宏編『移民受入の国際社会学――選別メカニズムの比較分析』名古屋大学出版会, 221-254.
越田稜, 1994,「国境とくにざかい」越田稜・村井吉敬・吉岡淳編『国境の人びと――トランスボーダーの思想』古今書院, 8-15.
佐藤健太郎, 2011,「歴史概観(3)――シャリーフ王朝の伝統」私市正年・佐藤健太郎編著『モロッコを知るための65章』明石書店, 50-54.
篠崎香子, 2020,「ドイツで家事労働のフォーマル化が滞るのはなぜか――制度が生み出すイ

ンフォーマルな移住家事労働者」伊藤るり編著『家事労働の国際社会学――ディーセント・ワークを求めて』人文書院，238-257.
篠田航一，2019，「独裁政権の『受け皿』を模索――北アフリカ政変　経済的要因大きく」『季刊アラブ』168: 11-12.
嶋田ミカ，1998，「インフォーマル部門の女性労働と家族――インドネシア・中部ジャワの事例から」『国立婦人教育会館研究紀要』2: 57-68.
白石昌也，2010，「東西経済回廊――ラオバオ＝デンサワン国境ゲート」石田正美編『メコン地域――国境経済をみる』アジア経済研究所，181-216.
白谷望，2016，「現代モロッコにおけるアマズィグの政治的役割」『中東研究』526: 55-66.
新郷啓子，2019，『抵抗の轍――アフリカ最後の植民地、西サハラ』インパクト出版会.
鈴木春子，2014，「先進国と途上国の『貧困の女性化』に関する文献研究」『日本女子大学大学院人間社会研究科紀要』20: 67-79.
田所昌幸，2018，『越境の国際政治――国境を越える人々と国家間関係』有斐閣.
鳥山純子，2018，「中東ジェンダー研究の挑戦――ジェンダー化されたオリエンタリズムを超えて」『国際ジェンダー学会誌』16: 20-33.
中川恵，2011a，「ジブラルタル海峡に見える世界史――ヨーロッパとアフリカの混在」私市正年・佐藤健太郎編著『モロッコを知るための65章』明石書店，75-79.
――，2011b，「モロッコに残るスペイン領――セウタとメリーリャ」私市正年・佐藤健太郎編著『モロッコを知るための65章』明石書店，90-94.
中村香子，2017，「『伝統』を見せ物に『苦境』で稼ぐ――『マサイ』民族文化観光の新たな展開」『アフリカ研究』92: 69-81.
中山裕美，2018，「移民ガバナンスにおける地域間主義の意義――アフリカ－ヨーロッパ間の地域協議プロセスの検討から」『国際政治』190: 33-48.
西野照太郎，1968，「モロッコとスペイン領セウタ――ジブラルタル問題に対比して」『レファレンス』18(3): 29-37.
八田善明，2008，「モロッコ王国の『人間開発に係る国家イニシアティブ(INDH)』――貧困・格差問題と格差是正政策の観点から」『外務省調査月報』2008年度(2): 23-58.
ビゴ，ディディエ／村上一基訳，2014，「国境概念の変化と監視体制の進化――移動・セキュリティ・自由をめぐる国家の攻防」森千香子／エレン・ルバイ編『国境政策のパラドクス』勁草書房，138-167.
堀井里子，2013，「EUエージェンシー設立過程分析――EU域外国境管理政策・フロンテクスを事例として」『一橋法学』12(1): 267-292.
松田素二，1999，「フィールドワークに未来はあるか？」『ソシオロジ』44(2): 115-117.
山田昌弘，2015，「女性労働の家族依存モデルの限界」小杉礼子・宮本みち子編著『下層化する女性たち――労働と家庭からの排除と貧困』勁草書房，23-44.
吉田一郎，2014，『世界飛び地大全』角川ソフィア文庫.

新聞・商業雑誌・メディア記事

A.E.H., 2020, “Bab Sebta: Un rapport parlementaire décrit les conditions des ‘femmes-porteuses’,” *Média 24*, (Retrieved May 20, 2020, https://www.medias24.com/bab-sebta-un-rapport-parlementaire-decrit-les-conditions-des-femmes-porteuses-6651.html).
Bada, Aziz, 2017, “Le Maroc est-il responsable de la radicalisation des auteurs des attentats de Barcelone ?,” *Le 360*, (Retrieved June 16, 2018, https://fr.le360.ma/politique/le-maroc-est-il-responsable-de-la-radicalisation-des-auteurs-des-attentats-de-barcelone-132669).
Benabdellah, Yahya, 2022, “Reportage. La zone d’activité économique de Fnideq comme

alternative à la contrebande," *Média 24*, (Retrieved April 17, 2023, https://medias24.com/2022/05/18/reportage-la-zone-dactivite-economique-de-fnideq-comme-alternative-a-la-contrebande/).

Cembrero, Ignacio, 2009, "La muerte de Safia, la porteadora," *El País*, (Retrieved August 18, https://elpais.com/diario/2009/01/04/domingo/1231044754_850215.html).

Crétois, Jules, 2012, "Histoire: Sultan of swing," *Telquel*, (Retrieved August 26, 2020, https://telquel.ma/2012/10/19/Histoire-Sultan-of-swing_540_4632).

Discovery Morocco, 2018, "Le Sultan Moulay Abdelaziz n'a jamais vendu le Maroc pour une bicyclette," (Retrieved July 9, 2023, https://www.facebook.com/DiscoveryMorocco/photos/histoire-%EF%B8%8F%EF%B8%8F-n%C3%A9-en-1878-moulay-abdelaziz-est-un-ancien-sultan-marocain-de-la-dyna/1341562722613839/).

El Faro de Ceuta, 2018, "Polígonos del Tarajal critican la venta de tickets a porteadores en la fase II y denuncian 'monopolio'," *El Faro de Ceuta*, (Retrieved April 12, 2023, https://elfarodeceuta.es/poligonos-tarajal-venta-tickets-porteadores-fase-ii-monopolio/).

El Mouden, Wadie, 2020, "Bab Sebta: Mesures draconiennes anti-contrebande: Le DG de la douane, Nabil Lakhdar, dit tout," *Le 360*, (Retrieved October 23, 2020, https://fr.le360.ma/economie/bab-sebta-mesures-draconiennes-anti-contrebande-le-dg-de-la-douane-nabil-lakhdar-dit-tout-209287).

G.A, 2022, "Sebta et Melilla : L'interdiction de la contrebande fait grincer des dents," *Bladi.net*, (Retrieved April 23, 2023, https://www.bladi.net/sebta-melilla-interdiction-contrebande,93616.html).

Jaouhar, Aymane, 2022, "Visas pour Sebta et Melilia: Le nouveau dilemme des travailleurs tranfrontaliers," *Telquel*, (Retrieved July 9, 2023, https://telquel.ma/instant-t/2022/05/30/visas-pour-sebta-et-melilia-le-nouveau-dilemme-des-travailleurs-tranfrontaliers_1769448/).

Kadiri, Abdeslam, 2018, "Sebta: Une bombe pour deux rois," *Telquel*, 795: 26-35.

Kadiri, Ghalia, 2020, "« On n'a plus rien à vendre » : Au Maroc, la crise sanitaire met un coup d'arrêt à la contrebande," *Le Monde*, (Retrieved November 2, 2020, https://www.lemonde.fr/afrique/article/2020/10/20/on-n-a-plus-rien-a-vendre-au-maroc-la-crise-sanitaire-met-un-coup-d-arret-a-la-contrebande_6056711_3212.html).

Kadry, Said, 2021, "Vidéo. Finie la contrebande vivrière: La nouvelle vie des 'femmes-mulets' au Maroc," *Le 360*, (Retrieved May 5, 2023, https://fr.le360.ma/societe/video-finie-la-contrebande-vivriere-la-nouvelle-vie-des-femmes-mulets-au-maroc-237102/).

——, 2022, "La zone d'activités économiques de Fnideq prend forme, pour contrer la contrebande à Bab Sebta," *Le 360*, (Retrieved May 4, 2023, https://fr.le360.ma/economie/la-zone-dactivites-economiques-de-fnideq-prend-forme-pour-contrer-la-contrebande-a-bab-sebta-260950/).

Khosrokhavar, Farhad, 2017, "Farhad Khosrokhavar: Le Maroc exporte ses djihadistes," *Le Monde*, (Retrieved June 18, 2018, https://www.lemonde.fr/idees/article/2017/08/23/farhad-khosrokhavar-le-maroc-exporte-ses_djihadistes_5175307_3232.html).

Kuperblum, Dylan, 2018, "Migrants: Morts sans sépultures," *Telquel*, 822: 30-33.

La croix, 2020, "Coronavirus: Aides financières pour 4,3 millions de foyers au Maroc, " *La croix*, (Retrieved April 23, 2023, https://www.la-croix.com/Economie/Coronavirus-aides-financieres-43-millions-foyers-Maroc-2020-04-27-1301091464).

Le Canard Libéré, "Trafic frontalier à Sebta: Vive la contrebande à visage humain !," *Le*

Canard Libéré, 20 avril 2018.
L'économiste, 2023, "Zone d'activité économique de Fnideq: 378 millions de DH pour le premier exercice," *L'économiste*, (Retrieved May 2, 2023, https://www.leconomiste.com/flash-infos/zone-d-activite-economique-de-fnideq-378-millions-de-dh-pour-le-premier-exercice).
Martínez, Alicia, 2020, "La nueva reordenación del tráfico de la frontera de Farhana ya está en marcha," *El Faro de Melilla*, (Retrieved November 25, 2020, https://elfarodemelilla.es/la-nueva-reordenacion-del-trafico-de-la-frontera-de-farhana-ya-esta-en-marcha/).
Spain in English, 2019, "CNI tried to find Es Satty an imam position in Barcelona, say reports," (Retrieved March 23, 2023, https://www.spainenglish.com/2019/07/19/cni-es-satty-imam-barcelona/).
Velluet, Quentin, 2018, "Salaire moyen au Maroc: Le secteur public paie mieux que le privé," *Jeune Afrique*, (Retrieved December 29, 2020, https://www.jeuneafrique.com/emploi-formation/609859/salaires-au-maroc-le-secteur-public-paie-mieux-que-le-prive/).
Yabiladi, 2023, "Tetouan: La recette Marjane face à la contrebande," (Retrieved July 10, 2023, https://www.yabiladi.com/article-economie-503.html).

ウェブサイト

Amnesty International, 2018, "Morocco: Relentless Crackdown on Thousands of Sub-Saharan Migrants and Refugees is Unlawful," Amnesty International, (Retrieved May 23, 2020, https://www.amnesty.org/en/latest/news/2018/09/morocco-relentless-crackdown-on-thousands-of-sub-saharan-migrants-and-refugees-is-unlawful/).
Countryeconomy.com, 2020, "Spain Autonomous Communities Comparison: Ceuta vs Melilla," (Retrieved December 24, 2020, https://countryeconomy.com/countries/spain-autonomous-communities/compare/ceuta/melilla).
Diputación de Cádiz, 2019, "Estreno del documental 'Con el mundo a cuestas'," (Retrieved November 20, 2020, https://www.dipucadiz.es/prensa/actualidad/Estreno-del-documental-Con-el-mundo-a-cuestas/).
Haut-Commissariat au Plan (HCP), 2018, "Les indicateurs sociaux du Maroc: Edition 2018," HCP, (Retrieved October 18, 2020, https://www.hcp.ma/file/231205/).
——, 2020, "La situation du marché du travail en 2019," (Retrieved December 29, 2020, https://www.hcp.ma/La-Situation-du-marche-du-travail-en-2019_a2455.html).
——, 2022, "Déterminants des transferts et des investissements des migrants marocains à l'étranger," (Retrieved March 23, 2023, https://www.hcp.ma/file/235620/).
International Court of Justice, 1975, "Western Sahara, Advisory Opinion, I.C.J. Reports 1975," p.12, (Retrieved December 1, 2020, https://www.icj-cij.org/public/files/case-related/61/061-19751016-ADV-01-00-EN.pdf).
Marjane, 2023, "Marjane holding en bref," Marjane, (Retrieved April 16, 2023, https://www.marjane.ma/corporate/marjane-bref).
Ministère Délégué Chargé des Marocains Résidant à l'Etranger et des Affaires de la Migration (MDCMREAM), 2019, "Politique nationale d'immigration et d'asile: Rapport 2018," (Retrieved May 26, 2020, https://marocainsdumonde.gov.ma/wp-content/uploads/2019/01/Politique-Nationale-dimmigration-et-dAsile-_-Rapport-2018.pdf).
Ministère de l'Aménagement du Territoire National, de l'Urbanisme, de l'Habitat et de la Politique de la Ville (MATNUHPV), 2018, "Elaboration du rapport « dynamiques

et disparités territoriales » : Une analyse des dynamiques spatio-temporelles du développement au Maroc (1999-2014)," (Retrieved November 25, 2020, https://www.muat.gov.ma/sites/default/files/Documentation/1.pdf).

Statista, 2022, "Number of Muslims in Ceuta in 2021, by nationality," (Retrieved July 9, 2023, https://www.statista.com/statistics/989770/muslims-in-ceuta-by-nationality/).

World Bank, 2020, "Enterprise Surveys," (Retrieved November 26, 2020, https://www.enterprisesurveys.org/en/data/exploreeconomies/2019/morocco).

——, 2023, "GDP per Capita (Current US$): Spain, Morocco," (Retrieved July 9, 2023, https://data.worldbank.org/indicator/NY.GDP.PCAP.CD?end=2021&locations=MA-ES&start=1960&view=chart).

在モロッコ日本国大使館，2020，「モロッコ安全対策情報(令和2年4月～6月期)」，在モロッコ日本国大使館ホームページ，(2020年10月7日取得，https://www.ma.embjapan.go.jp/pdf/ryoji/ryoji_anzenjoho_R20406.pdf).

調査対象者一覧

アクター		性別	年齢	婚姻	住所地	出身地	備考
運び屋	ムハンマド	男性	50代	既婚	フニデク	フニデク	露天商兼業
	トゥーリア	女性	40代	離婚	フニデク	カサブランカ	
	ファーティマ	女性	40代	離婚	フニデク	フェズ	
	ザキーヤ	女性	40代	離婚	フニデク	メクネス	
	サイード	男性	50代	既婚	フニデク	フニデク	露天商兼業、障がいあり
	ドリシア	女性	40代	既婚	フニデク	フニデク	サイードの配偶者
	モハメド	男性	40代	既婚	ナドール	ナドール	
卸売業者	アハメド	男性	50代	既婚	セウタ	テトゥアン	モロッコ系スペイン人
	オマール	男性	40代	既婚	セウタ	フニデク	モロッコ系スペイン人
	陳	男性	40代	既婚	メリリャ	中国	
小売業者	ザカリア	男性	40代	既婚	カサブランカ	カサブランカ	国内最大闇スーク内
	ナイマ	女性	40代	既婚	フニデク	フニデク	
露天商	ムスタファ	男性	40代	既婚	フニデク	フニデク	「密輸」の洋服を販売
運転手	ムラド	男性	40代	既婚	フニデク	フニデク	「密輸」品を運搬

出所：石灘(2022)の運び屋一覧に、その他のアクターの情報を追記。

表にある名前のうち、匿名を希望した一部の人については仮名を用いている。
本書では、移民や案内人、「密輸」と直接関わっていない市井の人びとといった、
この表には含まれていない人びとへのインタビューの結果も記述している。それらはフィールドノートに基づいている。

著者略歴

石灘早紀
（いしなだ・さき）

1990年生まれ。

2021年、一橋大学大学院社会学研究科修了（修士・社会学）。

専攻は国際社会学、モロッコ・スペイン領セウタ研究。

毎日新聞社記者、在モロッコ日本国大使館派遣員を経て、現在、国際開発コンサルティング会社勤務。

運び屋として生きる

モロッコ・スペイン領セウタの国家管理下の「密輸」

二〇二四年 三月一五日 印刷
二〇二四年 四月一〇日 発行

著者 © 石灘早紀
装幀 日下充典
組版 閏月社
発行者 岩堀雅己
印刷所 株式会社理想社
発行所 株式会社白水社

東京都千代田区神田小川町三の二四
電話 営業部〇三（三二九一）七八一一
編集部〇三（三二九一）七八二一
振替 〇〇一九〇-五-三三二二八
郵便番号 一〇一-〇〇五二
www.hakusuisha.co.jp

乱丁・落丁本は、送料小社負担にて
お取り替えいたします。

株式会社松岳社

ISBN978-4-560-09278-1
Printed in Japan

岡奈津子

新版〈賄賂〉のある暮らし

市場経済化後のカザフスタン

ソ連崩壊後、独立して計画経済から市場経済に移行したカザフスタン。国のありかたや人びとの生活はどのような変化を遂げたのか。

イアン・アービナ　黒木章人 訳

アウトロー・オーシャン（上下）

海の「無法地帯」をゆく

誰も取り締まらない、誰も訴えない、誰も報じない、だから誰も知らない。公海上で横行する違法・脱法行為の数々を暴いた衝撃のルポ。